당신이 지키는 것이
당신을 지켜줄 것입니다

강창욱

당신은 당신이 생각한 것보다

강한 사람입니다.

회복과 충전으로 가는

당신의 길을 응원합니다.

_____________________님께

_____________________드림

나를 살게 하는 것들

회복과 충전
다시 잘 살고 싶을 때 읽는
김창옥의 제안서

나를 살게 하는 것들

김창옥 지음

"삶은 정답의 문제가 아니라
선택의 문제입니다.
당신은 어떤 삶을 살고 싶나요?"

수오서재

차례

2. 나만의 —— 꿈

3. 나만의 —— 호흡

4. 나만의 ——— 사람들

프롤로그

★

다시 살기 시작했습니다

'배고픈 요리사'라는 말이 있습니다. 사람들에게 음식을 해주고 맛있게 먹는 모습을 보니까 자신도 먹었다고 착각합니다. 저도 그런 삶을 살았습니다. 사람들이 나를 보고 웃으니까 나도 같이 웃었다고 생각했습니다. 사람들이 나를 통해 한숨 쉬어가니 나도 같이 쉬었다고 생각했습니다. 그러나 사람들에게 웃음과 위로, 공감과 소통을 주면서 정작 나 자신은 돌보지 않는 삶을 살았습니다.

강연하는 것을 힘들다고 생각해본 적은 없었습니다. 사람들이 제 이야기를 듣고 좋아졌다고, 재미있다고 하니 '힘들긴 뭐가 힘들어?' 하며 숨이 다 차오른지도 모르고 내달려왔습니다. 매일 행복할 순 없지만 행복한 지 너무 오래된 삶을 살고 있다면, 잠시 멈추고 돌아봐야 한다고 사람들에게 수백 번도 넘게 말했습니다.

'나는 언제 행복했는가?'

그 질문을 나 자신에게 던질 때쯤, 고향 친구에게 한 통의 문자가 도착했습니다.

"창옥아, 나 요즘 네가 나오는 텔레비전 많이 봐. 힘들면 언제든지 제주도 왔다 가."

보름쯤 지나 또 연락이 왔습니다.

"창옥아, 사람들 위로해주느라고 넌 언제 쉬어. 언제든지 쉬러 내려와."

정신 없이 바빠 친구의 문자에 답도 못 했습니다. 보통 답을 안 하면 서서히 연락이 끊기기 마련인데, 또 한 달 뒤에 연락이 왔습니다. 한 번, 두 번, 세 번, 네 번, 그렇게 친구의 연락이 계속되니 제 마음에 결심이 서게 되었습니다. 답장을 보냈습니다.

"친구야, 나 결심했다. 한 달에 일주일은 제주도에서 살 거야. 빌라도 리조트도 호텔도 다 싫다. 시골 바닷가에 허름한 돌집 있잖아, 옛날 거. 사람 살다가 나간 거. 나 그것 좀 알아봐 주라."

그렇게 저의 제주살이가 시작되었습니다. 한 달에 3주는 주말까지 채워 일을 하고, 일주일은 제주에서 지내기 시작했습니다.

제주와 서울 생활을 교대로 하며 건조하던 삶에 활력은 있었지만, 제주에 적응하면 서울 가서 일해야 하고, 또 제주 와 적응하면 서울 가고…, 그렇게 몸도 마음도 분주한 나날이 반복되었습니다.

그러다 코로나가 터졌습니다. 모든 강연이 취소되고 자의 반 타의 반으로 제주에서 꼬박 3개월을 머물렀습니다. 일을 시작한 이래 처음 맞는 휴식이었습니다. 사실, 저는 쉬는 법을 몰랐습니다.

오롯이 제주에 머물던 어느 날, 새벽에 화장실을 가려고 몇 걸음 옮기는데, 순간 몸에서 실뿌리가 나오는 느낌을 받았습니다. 나무의 실뿌리. 그 실뿌리가 땅을 향해 조금씩 조금씩 뻗어나감이 느껴졌습니다. 그리고 그때 이런 생각이 찾아왔습니다.

'너도 네 몸을 기다려줘라.'

우리가 아무리 '이런 삶을 살 거야'라고 다짐한다 해도 바로 그렇게 살지는 못합니다. 왜냐하면 삶을 실제로 살아내는 건 우리 몸이고, 몸은 습관적으로 굳어져 있기 때문입니다. 몸은 이제껏 반복해서 살아온 방식을 기억합니다. 그러니 우리 삶이 비행기라면, 그 비행기가 클수록, 빠른 속도를 유지했을수록 방향을 바로 바꾸기 어렵습니다. 속도를 줄이고, 큰 포물선을 그리며 아주 천천히 우회하면서 바뀌게 될 뿐이지요.

내 삶에서 가고 싶은 방향이 생겼다고 해서 바로 그 방향으로 나아가기는 어렵습니다. 그러니 기다려줘야 합니다. 우리 몸을 기다려줘야 합니다. 이것이 삶을 사랑하는 방법 중 하나입니다.

잘못된 습관을 당장 바꾸고, 좋다고 생각한 일을 지금 실천하고, 목표한 대로 삶을 단박에 건설하는 것이 삶을 사랑하는 것이라고 생각할 수 있습니다. 알면서, 느끼면서, 깨달았으면서 즉각 변하지 못하는 자신을 자책하면서 말이지요. 제가 생각하는 사랑은, 지금까지 내가 살아온 삶을 인정하고 받아들이고, 그리고 기다려주는 것입니다. 그것이 한 번 화르르 불타고 끝나는 사랑이 아닌, 훨씬 오래 타는 숯불 같은 사랑입니다.

자, 그럼 이제 나 자신을 좀 기다려주세요. 기다려주고 인정해주세요. 그리고 내가 가고 싶은 방향을 놓치지 말고 똑바로 바라보세요. 그 방향을 바라보며 조금씩 조금씩 몸을 움직여보세요.

코로나가 저에게 그 시간을 주었습니다. 초반에는 화가 났습니다. 강연이 하나둘 취소되더니, 나중에는 모든 일이 정지되었으니까요. 한 달쯤 지나니 마음이 천천히 바뀌었습니다. 어쩌면 내 인생에 다시 오지 않을 기회일지도 모른다고요. 무엇이 쉼인지도 모르고 살아온 내게, 나를 진정 살게 하는 것들을 알아보고, 실험해볼 기회라고 말입니다. '이 시기를 고맙게 생각해야겠다'라고 여기며 적극적으로 제주에서의 삶을 시작했습니다. 그렇게 3개월, 6개월, 1년 그리고 2년의 시간이 흐르면서 저는 비로소 조금씩 뿌리가 자리 잡아감을 느꼈습니다.

이 책은 힘들지만 힘든 줄도 모르고 살았던 제가 억울한 세월을 보상받으려 행했던 오랜 습관을 버리고 천천히 나를 숨 쉬게 하는 것, 나를 살게 하는 것을 찾아보았던 귀중한 시간의 기록입니다. 터

닝포인트처럼 제게 온 멈춤의 기회에서 삶을 재정비한 결과물입니다. 정말 잘 사는 것은 무엇일까를 고민하고 정말 해보고 싶었던 것을 직접 해본 후기입니다. 소통 전문가라고 살아온 제가 이제야 진정으로 나와 소통했던 솔직한 고백일기입니다. 여러분도 너무 늦지 않게 삶의 실험을 해보셨으면 좋겠습니다. 하루살이처럼 살지 않고, 매일 행복할 순 없더라도 때때로 진정 행복한, 그 누구의 삶도 아닌 내 삶을 사셨으면 좋겠습니다.

건강한 김창옥이 되는 것이 저의 소망이었습니다. 지금 저는 이 소망을 현실로 만들고 있습니다. 이 책이 여러분의 건강한 삶을 도울 따뜻한 응원이자 기분 좋은 자극제가 되기를 바랍니다.

2022년 다시 설레는 여름

김창옥

행복했습니다. 감사했습니다.

웃어주시고 고개 끄덕여주시고 박수 쳐주시고….

그 마음에 답하기 위해 열심히 달려왔습니다.

그러다 알게 되었습니다.

'내가 질주했구나. 시속 100킬로미터로 내달려왔구나.'

문득문득 공허했고 외로웠고 아팠습니다.

생각했습니다.

'나를 다시 살게 해야겠다.'

찾기 시작했습니다.

'나는 어떻게 살고 싶지?

내가 좋아하는 것은 무엇이고, 나는 언제 행복하지?'

내 몸과 마음을 이완시키는
장소, 사람, 순간을 찾아 나섰습니다.
한번쯤 해보고 싶다고 늘 마음속으로만 품었던 일들을
하나하나 해보았습니다.

여러분도 이제 제대로 숨을 쉬고 사세요.

더 이상 숨을 참고 살지 마세요.

그 누구를 위해서가 아닌, 나를 위한 삶을 사세요.

Paul

이제 누군가 제게 행복하냐고 묻는다면

저는 대답할 준비가 되었습니다.

열심히 살아온 여러분, 이제 좀 행복하셔도 괜찮습니다.

행복을 너무 낯설어하지 마세요.

인생은 그렇게 길지 않습니다.

당신이 처음에 하고자 한 일이

잘되지 않았다 하더라도

………… 당신은 소중합니다

1

나만의 속도

★

마음이 깨지지 않기 위해

한창 전국을 돌며 강연을 하러 다닐 때, 여주에서 옹기를 파는 가게를 만났습니다. 오랜 세월을 지나온 옹기 수백 개가 전시되어 있었는데, 그 옹기들을 보는 순간 마치 운명처럼 마음이 편안해졌습니다. 바쁘기만 했던 나의 마음 안에서 시계 초침 소리가 '째, 깍, 째, 깍…' 느려졌습니다. 허기진 마음이 배부르게 차오르는 느낌이었습니다. 한참을 바라보다 양팔 한가득 벌려 안아야 겨우 품에 담을 수 있는 커다랗고 무거운 옹기 하나를 골라 사 가지고 집으로 돌아왔습니다.

무언가 담을 것이 있다거나 필요해서 산 것은 아니었습니다. 커다란 옹기를 제 방 안에 가만히 두었습니다. 며칠을 그저 바라보았습니다. 그러다 옹기 안에 물을 채우고, 금붕어 몇 마리를 구해 넣

어두었습니다. 예닐곱 마리 금붕어는 옹기 안에서 잘 살았습니다. 하루 일정을 마치고 집으로 돌아오면 늦은 밤일 때가 허다했고, 지방에 다녀오는 날이면 새벽 한두 시에 귀가하는 것은 예삿일이었습니다. 피곤한 몸과 마음을 끌고 집에 돌아와 저는 꼭 그 옹기를 가만히 바라보는 시간을 가졌습니다. 그저 좋았습니다, 바라보는 것이. 그것이 저에겐 쉼이었습니다. 일을 마치고 돌아와 방문을 열어 묵직하게 자리를 지키고 있는 옹기를 바라보는 것. 그것이 제 하루 일과의 마무리였습니다.

이렇게 마음속에 옹기라는 물건이 들어온 후, 제주에서 화산토로 직접 옹기를 구워볼 기회가 생겼습니다. 흙을 푸고, 흙 속의 이물질을 제거하고, 그 흙으로 옹기를 굽는 노동을 직접 해보았습니다. 흙을 반죽하고 물레를 돌려 모양을 만들고, 가마에 넣을 장작을 패는 것까지 모든 과정을 겪어보며, 우리 인간의 삶과 옹기가 참 많이 비슷하다는 생각을 하게 되었습니다.

옹기를 가마에 넣기 전에 말리는 과정이 필요합니다. 바로 가마에 넣지 않고 일주일 정도 잘 말려서 넣습니다. 그런데 겉은 잘 마르는데 속은 잘 마르지 않습니다. 그래서 따뜻한 전구를 하나 옹기 안에 넣어둡니다. 빛의 따뜻함으로 안쪽도 골고루 말리는 것이죠. 그래야 비로소 섭씨 1,000도가 넘는 뜨거운 가마 안에 넣고 구울 수 있게 됩니다. 습기를 머금고 있는 옹기를 바로 가마에 넣으면, 강한 온도를 견디지 못하고 깨져버리기 때문입니다. 또는 금이 가거나 아예 녹아버립니다.

우리 사는 일도 그렇습니다. 가마 속 뜨거운 불꽃처럼 때때로 삶이 나를 태워 없애버릴 것만 같은 시기가 있습니다. 고통, 고난, 훈련, 시련과 같은 어려운 시기가 찾아옵니다. 힘들게 공부하고, 힘들게 돈을 벌고, 힘들게 관계를 유지하고…. 내 의지와는 상관없이 찾아오는 삶의 고된 순간들이 있습니다. 그럴 때 우리는 오히려 단단한 옹기가 될 수 있습니다. 고난은 인간을 단련시켜주기도 하니까요. 그런데 우리 마음에 상처, 열등감, 비뚤어진 마음, 우울, 건강하지 못한 자존심 등 온갖 습한 마음들이 자리 잡고 있으면 강한 불을 견디지 못하고 그만 깨지고 찢기고 터지고 맙니다. 습한 마음을 볕 좋은 양지에서 잘 말리지 않으면 이전에는 견딜 수 있었던 똑같은 온도의 불꽃 안에서도 쉽게 깨질 수 있습니다.

옹기가 깨지는 또 다른 이유는, 당연하게도 불이 너무 센 경우입니다. 옹기가 견딜 수 있는 온도를 넘어설 때입니다. 밖에서 가마 안을 들여다보면 온도를 체크할 수 있는 표식이 있습니다. 다섯 개 정도의 작은 진흙을 통에 꽂아놓고, 진흙이 하나씩 쓰러지면 가마가 몇 도인지 체크할 수 있습니다. 우리도 내가 어느 선까지 버틸 수 있는지, 어느 선까지 괜찮은지 내 한계선을 알아야 합니다. 일을 하고, 목표를 세워 도전을 하고, 사람들과 관계를 맺는 과정에서 스트레스와 압박을 받는 자신을 살펴야 합니다. 안전한 상태와 위험한 상태를 감지할 수 있는 체크포인트를 두고 중간중간 나의 한계선을 살펴야 합니다. 그것을 모른 척 방치하면 어느 순간 나 자신이 깨지거나 관계가 붕괴될 수 있습니다.

마지막으로 옹기가 깨지는 또 다른 상황이 있습니다. 1,000도가 넘는 온도에서 구워진 옹기를 가마에서 서둘러 꺼내면 외부와의 급격한 온도 차이로 인해 옹기가 깨지고 맙니다. 가마에 불이 꺼졌다 해도 700도, 300도, 100도, 50도…, 이렇게 차차 온도가 충분히 떨어질 때까지 가마 안에 옹기를 두고 이삼일 정도 기다립니다. 우리도 그런 실수를 하곤 합니다. 너무 뜨거워 견디기 힘든 상황이 찾아왔을 때, 얼른 그 상황에서 벗어나고자 노력합니다. 슬픔, 절망, 어려움, 고통 속에서 빨리 벗어나려고 발버둥을 칩니다. 준비한 시험에서 자꾸 떨어지거나, 벌여놓은 일이 잘되지 않거나, 관계 속에서 생채기를 입거나, 직장 안에서 위기가 찾아오거나…. 그럴 때 우리는 서서히 회복하려고 마음을 먹어야 합니다. 공부를 아예 포기해버리거나 잘나가는 다른 업종으로 갑자기 노선을 변경하거나, 사람에게 입은 상처는 사람으로 치유해야 한다며 성급하게 다른 사람과의 관계 맺기에 돌입해버리기도 합니다. 그렇다고 과연 상황이 나아질까요? 당장 나아지고 치유되지 않는다 하더라도, 조금 더 힘겨운 상황이 지속되더라도, 스스로를 기다려주는 시간도 필요합니다.

열기가 휘몰아치는 가마를 박차고 나오기 전에 잠시 기다려보세요. 나를 둘러싼 열기가 차차 사그라들기를 기다리다 보면 어느새 더 튼튼하고 견고해진 자신을 발견할 수 있을 것입니다.

흙에 축축한 습기가 많을 때, 가마 속 온도가 너무 높을 때, 갑자기 뜨거운 옹기를 온도 차가 많이 나는 세상 밖으로 꺼낼 때 정성껏 시간을 들여 만든 결과물이 깨져버립니다. 그간의 노력이 모두 없던 일이 되는 것 같아 허무해집니다. 하지만 깨진 옹기가 그저 쓸모없어지는 것은 아닙니다. 깨진 옹기를 곱게 가루로 만들어 다시 흙에 섞으면 더 찰진 흙이 됩니다. 더 단단한 옹기를 만들 수 있는 재료가 되는 것이죠.

살면서 한 번도 깨어지지 않은 사람이 어디 있을까요?
한 번도 찢어지지 않은 마음이 과연 있을까요?

강한 열기에 깨지고 찢어져 스스로가 보잘것없이 느껴지고, 모든 과정이 덧없게 느껴지는 순간이 오더라도 그때의 몸과 마음을 기억했으면 좋겠습니다. 그러고는 또다시 흙을 골라 정성껏 옹기를 빚어 뜨거운 가마에 들어가게 되었을 때, 좀 더 괜찮은 옹기를 만드는 과정이라고 생각할 수 있다면 우리 삶은 점점 더 나은 방향으로 향하게 될 것입니다.

★

당신이 지키는 것이 당신을 지켜줄 것입니다

한 텔레비전 프로그램 재방송을 보고 있었습니다. 전국 곳곳을 다니며 시민들을 인터뷰하는 방송이었습니다. 시장, 공원, 식당, 학교, 길거리 등등 예상치 못한 뜻밖의 만남에서 벌어지는 사람들의 진솔한 이야기를 보고 있으면 절로 유쾌해지고 감동도 받곤 했습니다.

그날 방송에 나온 지역은 문래동이었습니다. 과거 문래동은 철공소 밀집 지역이었다고 합니다. 철강 산업이 침체되고 중국산 부품들이 밀려 들어오면서 문을 닫는 철공소가 늘었는데 2000년대 들어 비어 있는 철공소에 젊은 예술인들이 들어오며 다시 활기를 띄게 되었다고 합니다. 그래서 그런지 이십 대 후반의 젊은 청년을 인터뷰한 내용이었어요. 기계 부품이나 거친 고철을 미세하게 깎아서 매끄럽고 광택이 나게 하는 공장의 젊은 사장이었습니다.

어떻게 일을 시작하게 되었는지 묻는 질문에 청년이 한 대답이 제 가슴을 턱 쳤습니다. 아버지가 같은 일을 하셨는데 땀을 뻘뻘 흘리면서 작업에 집중하던 모습이 너무 멋있어 보였다는 것입니다. 정직하게 일하며 사는 아버지의 모습에 자신도 이 일을 택하게 되었다고 합니다. 그렇게 아버지에게 일을 배우다 이제는 어엿한 사장이 된 것이죠.

저는 청년을 보고 그동안 잊고 있던 중요한 가치 한 가지를 떠올리게 되었습니다.

'새것을 찾는 게 아니라 새롭게 하는 것.'

청년은 빠르게 성공하고자 하는 욕심 없이, 매일매일 철을 깎으며 실력을 쌓는 데 집중했습니다. 자신이 좋아하는 일을 발견했을 때의 첫 마음을 기억하며, 새로운 일을 찾는 데 에너지를 쏟기보다 기존의 일을 새롭게 하는 방법을 찾는 데에 집중했습니다.

어쩌면 우리는 끊임없이 새로운 것을 찾으려고만 했는지도 모릅니다. 더 심오해 보이는 것, 그동안 세상에 나오지 않았던 것을 찾으려 헤맸습니다. 하지만 이미 하늘 아래 새로운 것은 없다고 했습니다. 다만, 새것을 찾는 것이 아니라 새롭게 하는 방법을 찾는 것, 일상을 낯설게 보고 그 안에서 본질을 발견하는 것, 이미 익숙하고 흔하다고 생각하는 것에서 영원한 삶의 이치를 발견하는 것. 그것이 중요하지 않을까 생각합니다.

"제가 좋아서 했고요. 항상 생각하는 게, 오늘 하루도 할 수 있는 일이 있어서 감사해요."

아무렇지도 않게 대답하던 청년의 목소리는 어떤 가식적인 힘이 들어가지 않은, 마치 강물이 흐르는 것처럼 자연스럽게 흘렀습니다. 그의 말이 햇빛이 되어 저를 비춰주었습니다. 그리고 제 부끄러운 마음이 보였습니다.

저는 강연을 하다 유튜브도 하게 됐고, 그러다 SNS에서 좋은 농수산물을 소개하는 공동구매까지 하게 되었습니다. 제 이름을 걸고 단독으로 하는 일들을 시작하면서 마음가짐이 달라졌습니다. 내 삶을 투자하고 내 돈을 투자하자 '책임감'과 '두려움'이 제게 같은 의미로 다가왔습니다.

새로운 일을 시작할 때마다 두려움이 앞섰습니다.

'강연을 하던 사람이 물건을 판다고 할 때 사람들이 비난하고 등을 돌리지 않을까, 들인 시간과 노력에 비해 욕만 먹고 실패하면 어떡하지….'

이런 생각에 머리는 복잡하고 마음은 편안하지 않았습니다. 하지만 청년의 말이 제게 경종을 울려주었던 것이지요.

'네가 두려운 이유는 좋아서 이 일을 한다는 생각 외에 이미 네 머릿속에 숫자가 앞서 있기 때문이야. 이 일로 돈을 벌 수 있을까?

이 일로 성공할 수 있을까? 그 마음이 앞섰기 때문에 네 마음에 평안이 사라진 거야. 평안이 사라진 사람에게 어떻게 성과가 찾아오겠니.'

제 안에서 들려오는 깨달음이 저를 부끄럽게 했고, 동시에 제가 어떻게 해야 하는지도 알려주었습니다. 성공도 중요합니다. 하지만 성공보다 더 중요한 것은 제 마음에 찾아오는 평안입니다. 숫자도 중요합니다. 하지만 숫자보다 더 중요한 것은 제가 일에서 얻을 수 있는 만족입니다.

청년이 첫 마음을 지켜 새로움을 지켜냈던 것처럼 저는 앞으로 무슨 일을 하든 머릿속 계산과 싸우려 하지 않고, 일을 했을 때의 재미, 마음의 평안에 집중하려 합니다.

당신이 지키는 것이
결국엔 당신을 지켜줄 것입니다.

책 한 권을 대하는 마음도 '나중에 시간이 나면 읽지'라고 생각하는 사람이 있는 반면 '하루에 30분씩은 책을 읽어야지'라고 다짐하고 실천하는 사람이 있습니다. 갈급한 상황이 닥쳤을 때 기도하는 사람이 있고 기도 시간을 지켜서 기도하는 사람이 있습니다. 바쁘다고 운동을 뒤로 밀어두는 사람이 있는가 하면 운동을 하루 스케줄에서 최우선으로 두는 사람이 있습니다.

우리가 지켜낸 것들. 만일 당신이 책을 읽는 시간, 기도하는 시간, 운동하는 시간을 지켜냈다면 지금 당장은 아니더라도 훗날 그 시간들이 당신 삶을 지켜줄 것입니다.

운동 시간을 지키면 운동이 나를 지켜주고, 건강검진을 받는 시기를 지키면 그 건강검진이 나의 생명을 지켜줄 확률이 높습니다. 내가 지킨 친구들이 어느 시기가 오면 나를 지켜줄 것이고, 내가 지킨 가족들이 나를 지켜줄 것입니다. 우리가 지켜온 삶의 가치관, 삶의 자세가 우리를 평생토록 지켜줄 것입니다.

그러니 우리가 가치 있다고 느끼는 것을 지켜나가는 삶을 사세요. 꽤 멋있는 삶이 될 것입니다.

우리가 커피를 마시는 진짜 이유

사람은 충전이 필요합니다. 취미생활을 하는 시간일 수도 있고 잠을 자는 시간일 수도 있고 드라마나 영화를 보는 시간일 수도 있습니다. 사람들은 누구나 저마다의 방식으로 충전이 필요합니다. 그래야 살 수 있습니다.

주변을 둘러보면 커피를 마시지 않는 사람이 거의 없는 것 같습니다. 출근하면서 한 잔 마시고, 점심 먹고 한 잔 마시고, 퇴근 전에 또 한 잔을 마시는 직장인도 많습니다. 그들에게 커피를 마시는 행위와 시간이 곧 충전이라는 생각이 들었습니다. 여기저기 생기는 카페들과 그곳에서 커피의 향과 맛을 찾는 사람들. 그런 커피를 저는 최근에서야 조금씩 마시기 시작했습니다.

그동안 사람들로부터 왜 커피를 마시지 않느냐는 이야기를 자주 들었습니다. 업무 미팅을 할 때나 지인을 만날 때 커피를 마시지 않는다고 하면 다들 한마디씩 물으며 궁금해합니다. 카페인이 안 받는 체질이냐, 커피 맛을 모르느냐, 속이 안 좋으냐.

예전에는 그런 질문을 받으면 나름의 핑계를 대거나 화제를 돌리며 넘겼는데, 최근에는 '정말, 나는 왜 커피를 마시지 않지?'라는 질문을 스스로 해보았습니다. 커피를 마시지 않는 이렇다 할 특별한 이유가 없었기 때문입니다.

가만 생각해보니, 어렸을 적부터 저에게 커피는 술이나 담배같이 몸에 좋지 않은 식품이라는 인식이 있었습니다. 어머니가 동네 아주머니들과 커피, 프리마, 설탕을 꺼내 밥숟가락으로 푹 퍼서 대충 그릇에 담아 뜨거운 물을 붓고 휘휘 저어 마시는 커피가 그렇게 맛있어 보일 수 없었습니다. 먹고 싶다고 말하면 어머니는 펄쩍 뛰며 "애기들이 커피 마시면 머리 나빠진다. 머리에 피가 말라부러" 하셨죠.

'아, 커피는 나쁜 거구나. 나중에 커서 먹는다 하더라도 그렇게 썩 좋은 건 아니구나.'

그것이 제가 만난 커피의 첫인상이었습니다.

거기까지 기억하고 나서 더 생각을 이어나갔습니다.

'비단 어린 시절 생긴 부정적인 인식 때문에 커피를 마시지 않는 것일까? 내가 커피를 마시지 않는 이유가 이것이 다일까?'

아니었습니다. 번개처럼 앎이 찾아왔습니다. 커피 탓이 아니었습니다. 저는 커피를 마시는 여유로운 시간을 어색해하고 두려워하는 것이었습니다.

저는 커피를 싫어하는 것이 아니었습니다.
제가 어색해하고 낯설어하고 두려워한 것은
커피를 마시며 생기는 '잠깐의 여유'였던 것입니다.

사람들은 다양한 이유로 커피를 마십니다. 몽롱한 정신을 깨우기 위해서, 정말 맛있는 커피를 마시고 싶어서, 또는 몰아쉰 숨을 잠시 고르려고 커피를 마십니다. 그런데 저는 커피 한잔을 마시는 그 여유에 인색했던 것입니다. 계속해서 숨을 참고 또 참으며 숨을 내쉬는 시간을 저에게 주지 않았습니다.

일상을 지키는 일, 직장생활을 하는 일, 인간관계를 맺는 일을 하며 인내도 해야 하고 평정심도 유지해야 합니다. 그러기 위해서 우리는 '숨을 쉬어야' 합니다. 숨을 쉰다는 것은 자기만의 여유, 자기만의 여백을 찾는다는 의미입니다. 한잔의 커피나 차를 마시며, 아니면 산책을 하면서 자기만의 숨을 쉬고 여유를 찾아야 건강하게 살 수 있습니다.

하루 중에 나만의 숨을 내쉬는 시간을 의식적으로라도 만드는 사람과 그렇지 않은 사람 사이에는 어떤 차이가 나타날까요? 숨을 계속해서 참다 보면 더 이상 참지 못하고 한 번에 폭발적인 힘으로 팡 터지게 됩니다. 아주 값나가는 물건을 사게 될 수도 있고, 음식을 과하게 먹을 수도, 때로는 폭력적인 성향으로 드러나기도 합니다. 한 번에 강한 쾌락을 얻을 수 있는 보상을 원합니다.

반면 중간중간 자신만의 커피를 찾은 사람은 몸뿐만 아니라 정신이 이완됩니다. 커피 이야기를 하고 있지만, 여기서 말하는 커피는 마시는 음료만이 아니라, 한잔의 '여유'를 의미합니다. 편안하게 자신의 숨을 쉬고, 삶의 틈을 찾는 것. 자동차로 치면 충격완화장치가 매우 좋은 것이지요. 그런 차는 잘 닦인 도로를 달릴 때는 물론이고 비포장도로도 어렵지 않게 지나갈 수 있는 힘을 가지고 있습니다. 살면서 잘 닦인 길만 갈 수는 없으니까요. 울퉁불퉁한 길을 만날 수도 있지만, 그때 우리 마음에 여유가 있다면 어렵지 않게 그 길을 건너며 새로운 풍경을 발견할 수도 있습니다.

내 몸과 마음을 이완시키는
장소나 사람, 또는 어떠한 순간들을 찾아보세요.

깊은 숨을 내려놓게 하는 무언가를 발견해 그것을 반복하다 보면, 힘든 일이 닥치더라도 우선 자신을 다독일 여유를 챙길 줄 압니다.

또 하나 중요한 것은 숨이 턱 끝에 찰 때까지 기다리지 말고, 숨이 다 차기 전에 '나만의 커피'를 찾으시길 추천합니다. 배터리도 완전히 방전이 되고 충전을 하면 성능이 빠르게 떨어진다고 하죠. 방전이 되지 않았을 때, 30퍼센트, 40퍼센트 남았을 때 충전하는 것이 배터리를 오래 사용하는 팁입니다. 사람도 비슷합니다. 완전히 힘이 빠져 지쳐버렸을 때, 죽을 것같이 힘들어 아무것도 손에 잡히지 않을 때 숨을 쉬려고 하면 제대로 숨이 쉬어지지 않습니다. 생계를 위해 돈을 벌려고 노력하고, 나아가기 위해 자기계발을 하는 시간도 필요하지만 동시에 의식적으로 숨을 쉬고 여유를 가지려는 시간 역시 필요합니다. 삶의 틈 사이사이 여러분만의 커피를 찾으시길 바랍니다.

Proposal

우리가 커피를 마실 때 커피만 마시는 것이 아닙니다.
내 숨을 편안하게 들이마시고 내쉬는
여유를 함께 누리는 것입니다. 말 그대로, 커피 한잔의 여유.

당신의 '커피'는 무엇인가요?
당신의 숨을 편안하게 하고,
당신을 쉬게 하는 무언가가 존재하나요?
그런 장소, 그런 사람, 그런 일이 존재하나요?

삶은 정답의 문제가 아니라 선택의 문제입니다.
무엇을 선택할 것인지, 어떤 의지를 갖고 어떤 감정을 지닌 채
살아갈 것인지 우리는 선택할 수 있습니다.
당신만의 커피를 찾게 되기를 바랍니다.
당신만의 여유, 당신만의 시간, 당신만의 공간, 당신만의 사람….
그거, 참 별것 아닌데 별것 맞습니다.

★

꽃이 아름답게 보이지 않는다면

전라남도 신안군에는 선도라는 섬이 있습니다. '수선화의 섬'이라고 불리는 이곳은 봄이 되면 섬 전체가 수선화로 노랗게 물듭니다. 집집마다 지붕도 노랗게 칠해두어 수선화가 만개하면 고요한 작은 섬은 노랗고 환한 빛으로 가득하고, 그 장관을 보기 위해 찾은 관광객들로 북적이지요. 광활한 바다를 배경으로 피어난 노란 꽃들이 참 좋습니다. 봄이 되면 한번 찾아가 봐도 좋을 것 같습니다.

선도는 사람이 많이 사는 곳도 아니고, 누군가 일부러 찾는 섬도 아니었습니다. 이렇게 수백 수천만 송이의 수선화가 피어 있게 된 계기는 놀랍게도 단 한 분 할머니의 손길이었습니다. 30여 년 전에 번잡한 도시생활을 접고 선도로 터전을 옮긴 복순이 할머니는 꽃과 나무를 사랑하는 분이었습니다. 처음에는 자신의 집 마당과 근처 골목에 수선화를 심기 시작했다고 합니다. 이른 봄에 피어나는 수선화가 섬사람들의 마음을 사로잡았습니다. 그러다 마을 사람들은 선도를 수선화의 섬으로 만들기로 합심합니다.

섬마을 주민들이 힘을 합쳐 마을 전체에 수선화를 심기 시작했습니다. 꽃이 번지고 번져서 섬 전체에 가득해졌고 사람들이 하나 둘 찾아오게 되었습니다. 수선화 꽃 축제가 열리고, 수선화 구근을 판매하면서 섬 전체에 활기가 넘치게 된 거죠. 평범한 어촌마을이었던 선도가 노란 수선화 섬으로 변신하게 되었습니다. 복순 할머니께서는 얼마나 흐뭇하고 뿌듯하실까요. 주민 분들은 섬에 기적이 일어났다고 표현했습니다.

이곳을 찾는 사람들은 꽃을 보고 바다 산책을 하고 혹은 자전거를 탑니다. 나무 그늘 아래 앉아서 쉬는 사람들, 간단한 점심 도시락을 먹는 사람들, 기타를 치면서 노래를 부르는 사람들…. 참 평화롭고 아름답습니다. 섬 곳곳에 노란 벤치가 놓여 있는데 그곳에 적힌 글귀 하나가 눈에 들어왔습니다.

"나를 꽃으로 대해준 당신에게 고맙다."

그저 지나칠 수 있는 수선화 몇 송이를 정성스레 키우고, 섬 전체를 꽃으로 가꿔낸 마음이 섬에 가득했습니다. 꽃을 사랑하는 복순 할머니의 정성이 마을 전체로 퍼져나가고, 섬 주민들도 그 마음을 곱게 받아 또 다른 꽃을 피웠습니다. 저는 이분들의 마음속에 꽃을 아름답게 보려는 마음이 있었기 때문에 가능했다고 생각합니다. 그리고 꽃의 아름다움을 선물로 받아들일 수 있는 관광객들의 마음까지 합쳐졌기 때문인 것 같아요.

꽃이 아름다울 때는 언제일까요?
바로, 내 안에 꽃이 있을 때입니다.

평소에는 무심하게 지나치던 꽃을 바라보고 "아름답다, 너무 예쁘지 않아?"라고 감탄하는 사람들의 마음속엔 이미 꽃이 들어앉아 있습니다. 마음 안에 있는 것이 밖으로 선명하게 드러나 보이는 것이지요.

사람은 자기 안에 있는 것만 볼 수 있습니다. 자신이 사랑하는 것이 보이고, 자신이 아는 것이 보이고, 자신이 관심 있는 것이 보입니다. 신발을 좋아하는 사람은 길을 걷다가도 사람들의 신발만 보고, 자동차를 좋아하는 사람은 거리에 차들만 보게 되는 것처럼 말이죠. 반대로 관심이 없다면 그 사람의 시선에는 중요하게 들어오지 않습니다.

당신 안에는 어떤 꽃이 피어 있나요? 선도에 피어 있는 수선화의 종류만 90여 종이라고 합니다. 수선화라고 이름 불리는 꽃 하나에도 그렇게 많은 종류가 있는데, 이 세상에 존재하는 꽃들은 또 얼마나 다양할까요? 세상에 온갖 다양한 꽃이 있는 것처럼, 온갖 다양한 삶이 있습니다.

그러니 내 안에 어떤 꽃이 피어 있는지 알고 싶다면, 이 꽃밭 저 꽃밭 많이 기웃거려 보십시오. 무언가를 좋아하고, 사랑하는 마음은 그것을 경험해보기 전까지는 정확히 알 수 없습니다. 향도 맡아 보고, 만져도 보고, 함께 시간도 보내다 보면 내 안에 필 줄 몰랐던 꽃이 어느새 만발해 있는 걸 발견하게 될 것입니다. 내 안의 꽃들을 하나둘씩 잘 가꾸다 보면 언젠가 그 꽃을 보러 하나둘 사람들이 다가올지도 모릅니다. 작은 마당에 수선화를 심었던 복순 할머니의 정성이 온 섬을 물들여 사람들이 모여든 것처럼요.

삶이 의무로만 가득해져 버렸다면

우리에겐 해야 할 일이 있습니다. 인생의 시간은 정해져 있는데 해야 할 일은 해도 해도 끝이 없습니다. 돈은 벌어도 벌어도 끝이 없이 벌어야 하고, 물건은 사도 사도 또 사고 싶고, 사건 사고도 끊이질 않고 일어납니다. 이 일만 마무리되면 쉬어야지, 이 일만 마무리되면 미뤄둔 병원에 가야지, 이 일만 마무리되면 내가 진짜로 하고 싶던 그 일 시작해야지….

일이 마무리되지 않았다 하더라도, 지금 해야 할 것들을 챙겨 해야 합니다. 일이 마무리되지 않았다 하더라도 쉬어야 하고 병원도 가고 취미생활도 하고 여유도 부려야 합니다.

저희 부모님은 자식이 여섯입니다. 첫째에게 무슨 일이 생기면 '아이고, 이번 일만 해결되면 좋겠다' 하고, 그러다 보면 둘째가 군대 가서 허리를 다치고, 둘째 허리가 좀 낫는다 싶으면 갑자기 큰 사위가 죽고, "아이고, 어떡하냐. 내 딸 불쌍해서 어떡하냐. 아이들도 아직 어린데 어떡하냐" 하다 보면 넷째 딸 내외가 작은 교회를 개척한다고 고생을 시작하고…. 이놈의 '문제'라는 녀석은 어머니가 여든이 넘으셨는데도 끝이 없습니다.

문제는 해결해도 또 생기고 일은 해도 해도 끝이 나지 않습니다. 그러니 문제가 완전히 해결되면 쉬겠다 생각하지 말고, 일이 완전히 끝나면 뭘 하겠다 계획하지 말고, 문제가 있고 일이 남아 있는 상태에서 쉬는 시간을 가져야 합니다.

최근에 '내가 좋아서' 어딘가를 가본 적이 있나요?
'내가 좋아서' 누군가를 만난 적은 언제였나요?
최근에 '내가 좋아서' 시작한 일이 있나요?

한번 이 질문을 곰곰이 생각해보십시오. 직장처럼 가야만 해서 가고, 해야만 해서 하고, 만나야 할 사람이라서 만나고. 그렇게 살고 있지는 않나요? 그것이 나쁘다는 이야기가 아닙니다. 대부분 그렇게 살아갑니다. 자신에게 주어진 의무와 책임을 다하기 위해 사는 것이 문제는 아니니까요. 하지만 삶이 온통 그것으로만 가득한 것은 아닌지 돌아봐야 한다는 이야기입니다.

'의무로만 가득해져 버린 삶'에 대해서 말이지요.

가야 할 곳만 가고 해야 할 일만 하고 만나야 할 사람만 만난다고 해서 큰일이 일어나지는 않습니다. 다만 삶의 질이 떨어지고, 무기력해지고, 재미가 없어집니다. 그리고 그러한 삶에 적응해버립니다. 행복하고 신나는 기분이 무엇인지 잊어버리고 그런 삶에 몸과 마음이 길들여져 '인생이 원래 다 그렇지, 뭐' 해버립니다.

그럼 인간의 마음은 보상을 원합니다. 내 영혼이 머무를 시간을 주지 않았으니 보상을 해달라 떼를 씁니다. 시간을 의무에만 몽땅 써버린 우리는 가장 빠른 보상을 위해 물건을 사들입니다. 클릭 몇 번으로 너무 손쉽게 찰나의 만족을 살 수 있으니까요. 필요 이상의 물건을 계속 삽니다. 예쁜 옷을 샀지만 예쁜 옷을 입고 만날 사람이 없고, 멋진 신발을 샀는데 멋진 신발을 신고 갈 곳이 없습니다.

다른 사람들의 이야기를 하는 것이 아닙니다. 제가 해보고 알게 된 것입니다. 제가 그렇게 계속 물건을 샀습니다. 신발장을 열면 뿌듯함이 밀려왔습니다. 저는 신발 모으기로 바쁜 스케줄에 보상을 받았거든요. 역사와 족보가 있는 신발들, 귀하고 구하기 어려운 신발들로 신발장을 가득 채워두었습니다. 그런데 어느 날 신발장을 열어봤는데 한 가지 생각이 저를 가득 채웠습니다.

'나는 도대체 뭐가 이렇게 외로웠을까….'

그동안 제 시간을 전부 돈 버는 일로 채워두었습니다. 해야 할 일을 끝도 없이 했고, 해결해야 할 문제들을 처리하는 데 모든 시간을 썼습니다.

강연을 20년간 해왔습니다. 그렇게 오랫동안 한 일이면 쉬워질 법도 한데 매번 힘에 부칩니다. 강연은 극도의 정신노동입니다. 내가 하고 싶은 말을 하는 것이 아니라, 내 앞에 앉아 있는 사람들이 듣고 싶어 하는 이야기를 정확하게 찾아내서 해야 하는 일입니다. 제 앞에 300명이 앉아 있다면 그 300명의 교집합을 강연 내내 찾습니다. 준비와 현장은 다릅니다. 분위기와 상황에 맞게 어떤 말을 할지 머리를 쉴 새 없이 굴립니다. 참으로 고된 일입니다. 물론 행복한 순간도 많습니다. 생계를 위해 하는 일이기도 하지만 즐겁지 않았다면 이렇게 긴 시간 동안 해오지는 못했겠지요.

하루에 세 번, 네 번 강연을 하고 다음 날 일어나서 또 같은 강연을 하고…. 그렇게 강연을 하는 일정 속에서 어느 순간 제가 귀에 이어폰을 꽂고 핸드폰을 보며 밥을 먹고 있다는 사실을 발견하게 되었습니다. 맞은편 자리에 매니저가 앉아 함께 식사를 하고 있는데도요. 상대에게 미안하다고 양해를 구하지도 않고 그럴 생각조차 하지 못하고 있었습니다. 반복된 강연으로 더 이상 말 자체를 하기 싫으니 입을 닫고 관계를 닫고, 어느 순간 제가 그러고 있었습니다. 저는 사람들에게 저처럼 살라고 말하고 싶지 않습니다. 그리고 저도 이제 그렇게 살고 싶지 않습니다.

자신이 뭘 좋아하는지 생각하지 않고 나이가 들어버리면 영영 뭘 좋아하는지 모르게 됩니다. 그렇게 노인이 됩니다. 하고 싶지 않아도 해야 할 일만 합니다. 왜요? 그것이 습관이 되어버렸으니까요. 그래서 좋아하는 것이 어색해집니다. 좋아하는 것을 하는 삶은 사치처럼 느껴집니다. 아닙니다. 이제 좀 행복하셔도 괜찮습니다.

행복을 너무 낯설어하지 마세요.
인생은 그렇게 길지 않습니다.

저는 사람들에게 권하고 싶습니다. 꼭 시간을 사세요. 그러려면 돈도 필요하지요. 일을 하고 노력해서 번 돈으로 시간을 사세요. 그리고 그걸 슬프다고 생각하지 마세요. 굉장히 숭고하고 대견한 일입니다. 시간을 사서 내가 하고 싶은 일에 마음껏 쓰십시오.

저는 이제 조금씩 변화된 삶을 살고자 합니다. 그래서 노력하고 있습니다. 그 노력의 과정을, 그 다짐의 순간들을 강연을 통해, 책을 통해, 작은 장작 하나로 사람들 앞에 내어놓습니다. '김창옥도 이런 고민을 하네. 나처럼 생각하는 사람이 저기에도 있네. 나도 몸부림을 치고 있는데, 그런 사람이 나 혼자만이 아니네'라고 알 수 있도록 말입니다.

그의 다짐과 노력도 장작 하나가 되겠지요. 장작들을 다 같이 모아놓고 불을 붙이면 타닥타닥 잘 타오르는 모닥불이 될 것입니다. 장작이 하나면 작은 바람 한 줄기에도 금방 사그라지지만, 여러 개가 함께 있으면 서로의 열기에 의해 웬만한 바람에도 끄떡없이 활활 타오릅니다. 해야 할 일이 아니라 하고 싶은 일을 하는 데에는 그만큼 큰 의지가 필요합니다. 서로에게 의지하며 불꽃을 꺼뜨리지 않으려 노력해야 합니다. 저도 여러분에게 그런 장작이 되고 싶습니다.

Proposal

하고 싶은 것을 시작하는 작은 기술을 소개할게요.

하고 싶은 걸 자꾸 말하세요. 사람들이 "말한다고 되나요? 마법도 아니고"라고 하지만 전 중요하다고 봅니다. '세뇌'라는 말은 본디 가지고 있던 것에서 다른 방향으로 바꾼다는 뜻입니다. 원래 하던 것, 익숙한 것, 그래서 지겹고 지쳐버린 본디의 것을 바꾸려면 계속 방향전환을 시도할 수밖에 없어요. 말하면 그 말을 가장 많이 듣는 사람이 자기 자신입니다. 누군가에게 알리기 위해서라기보다 내가 듣기 위해서 그 말을 계속하세요. 그 말을 계속 듣다 보면 점차 길이 나서 항상 가던 쪽에서 삶의 방향이 바뀌기 시작합니다. 눈길이 자꾸 닿고, 발걸음이 가고, 내 말이 약속이 되어 스스로 지키기 시작해요. 어느새 그 지점에 이르러 있는 자신을 발견하실 수 있을 거예요. 그렇게 볼 때 사실 '마법' 맞습니다.

분명한 건 말 안 한 것이 될 확률은 더 없다는 것입니다. 진실로 원한다면 계속 말하게 될 것이고, 진실로 원하지 않았다면 점차 말하지 않게 될 것입니다. 나의 진심을 판가름할 좋은 기회입니다.

★

사는 게 내 맘 같지 않을 때

저는 성악을 전공했지만 성악을 못합니다. 왜냐하면 저는 노래를 좋아했지만 사람들이 제 노래를 좋아하지 않았으니까요. 이제는 웃으면서 얘기하지만 저에게는 참 슬픈 이야기입니다.

대학을 졸업하고 10년이 넘는 시간 동안 동기며 선배, 후배 모두 만나기 싫었습니다. 노래를 잘하는 사람일수록, 외국에 나가 활발히 활동하는 사람일수록 만나기 싫었습니다. 그 사람을 보면 나는 패배자라는 느낌을 받았기 때문입니다.

'나는 실패했구나. 같은 학교 같은 과에서 같이 공부했는데. 나에게도 기회가 있다고 생각했는데….'

너무 잘하고 싶은 걸 못할 때, 가지고 싶은 걸 가지지 못할 때, 이루고 싶은 걸 이루지 못할 때 인간의 슬픔은 이럴 때 찾아옵니다. 저는 성악을 잘하고 싶었습니다. 너무너무. 잘하고 싶으니까 슬프고, 간절하니까 슬펐습니다.

그런데 어느 날, 친하게 지냈던 친구가 이태리에서 공연을 하는 영상을 우연히 유튜브에서 보게 되었는데, 노래가 너무 좋았습니다.

'이야, 역시 얘는 노래를 진짜 잘해.'

감탄하는 순간 알게 되었습니다.

'아, 내가 괜찮아졌구나. 이제는 좋아하는 노래를 좋아할 수 있는 상태가 되었구나. 내가 정말 좋아졌구나.'

자본주의 세상에서 성공은 그 사람이 위치한 자리와 소유한 것들로 판가름 납니다. 높은 자리에 있거나 경제적으로 많은 것을 누리는 사람을 보고 우리는 '성공했다'라고 말합니다. 요즘은 사람들이 생각하는 성공의 기준이 다양해졌는데, 저는 여전히 자본주의 기준대로 나 자신을 보고 있었습니다. 그리고 거기에 더해서, 내가 사랑하는 존재들에게 인정받아야지만 성공한 삶, 소중한 사람이 될 수 있다고 생각했습니다. 정말 무지한 기준이었습니다.

정말 잘하고 싶었던 노래를 잘하지 못한 것은 안타까운 일이긴 합니다. 하지만 아쉬움으로 잘 소화시켜야 합니다. 나의 자존을 계속해서 갉아먹게 놔두지 말아야 했습니다. 정말 좋아하면 핑계를 대지 않습니다. 사랑은 '그럼에도 불구하고' 하는 것이니까요. 이런 저런 핑계로 하지 않는다면 그것은 딱 그만큼 사랑했던 것입니다.

'잘못이다', '더 사랑했어야 했다'가 아닙니다. 내 사랑의 정도를, 그 사실을 정확히 인지하는 것입니다. 저 역시 노래를 이런저런 핑계를 대며 놓아버렸습니다. 진정한 사랑이 아니었던 것이죠.

저에게는 이런 마음이 있었습니다.

'내가 이것을 잘하지 못했으니 나는 실패자고, 나는 삶으로부터 거부당했고, 나는 소중하지 않다.'

이런 말도 안 되는 생각의 고리를 꿰고 꿰면서 엮어 나갔습니다. 그러니 나와 함께했던 사람, 하물며 나보다 늦게 시작한 사람이 더 잘하고 더 잘되는 것을 보면 마음이 무너졌습니다. 부러움이나 질투와는 조금 다릅니다. 그들의 성공이 저의 실패를 증명하는 것처럼 느껴졌습니다.

누군가 이런 말을 했습니다. 메시지가 싫으면 그 메시지를 전해준 메신저를 미워하고 공격하게 된다고요. 노래를 잘하는 사람을 보고 나 자신을 보면, 그 사람이 미워졌습니다. 불편하고 싫었습니다. 하지만 이제는 잘하는 노래를 들으면 행복해집니다. 그 사람에게 감사하게 됩니다. 저는 그에게 수혜를 받게 되는 것이지요.

'아, 너무 좋다, 너무 좋아.'

삶을 감탄합니다.

당신이 처음에 하고자 한 것이
잘되지 않았다 하더라도 당신은 소중합니다.

그러니 음악을 시작했는데 음악으로 자리 잡지 못해도, 건축을 전공했는데 건축일을 업으로 삼지 못해도, 평생 사랑하고 싶은 사람이 있었는데 그 사랑이 이루어지지 않았다 하더라도, 우리의 가치가 깎이거나 상하는 것은 아닙니다. 아쉽고 슬프고 안타까울 수는 있지만, 그렇다고 우리 존재가 하찮아지는 것은 아닙니다. 실패한 것이 아닙니다. 제가 오랜 시간 스스로를 실패자라 생각했던 시간들을 떠올리며, 제가 아끼는 많은 분들께 이 말씀을 꼭 드리고 싶었습니다.

Proposal

삶이 내 뜻대로 안 된다는 생각이 들면, 어쩌면 찬스일지도 모릅니다. 왜냐하면 인간은 뜻대로 안 될 때 사고의 깊이가 생기기 때문입니다. 삶의 본질, 문제의 근본을 생각하게 됩니다.

인간은 힘이 넘치고 셀 때보다 힘이 없을 때 자기 자신을 받아들입니다. 그러니 나이가 들고 힘이 빠졌을 때, 예전에는 마음만 먹으면 다 할 수 있을 것 같았던 일들을 하지 못하게 됐을 때, 좌절할 일만은 아닙니다. 나를 가득 채우고 당당해 보이게 만들었던 삶의 허세, 자존심, 아집을 비워내고, 자신에 대한 긍정적인 마음을 채워보세요. 사람들과 함께하고, 나를 괜찮은 사람으로 바라보는 마음을 키워보세요.

'그래, 여기까지 잘 왔다. 고생했어. 대견하고 기특해.'

그동안 짊어진 짐들이 있었다면 그 일들을 잘 해낸 스스로를 칭찬하고, 모든 것을 정직하게 다 갚았다 생각하세요. 이제 정리하고 내 경기를 뛰세요. 내 삶을 사세요. 해야 할 일을 하고 싶지 않아도 오랫동안 해왔으니, 이제는 내가 진짜로 하고 싶은 일을 챙기며 하세요. 당신은 충분히 그럴 만한 사람입니다.

★

열심히 살고도 서러운가요

제주 하면 아름다운 바다가 먼저 떠오릅니다. 청록색부터 검푸른 빛까지 제 짧은 어휘로는 다 담을 수 없는 바다 빛깔을 매일 눈에 담고 살아 참 행복합니다. 하지만 여행자의 시선이 아닌 생활인의 시선이 되면 아름다움 너머 사정없이 매서운 위험도 함께 보이기 시작합니다.

제주에서 생활하다 보면 해녀 체험을 하러 오는 관광객을 종종 보곤 합니다. 체험비를 내면 실제 해녀처럼 잠수복을 입고 바다에 들어가 뿔소라, 보말, 잘하면 전복까지 따볼 수 있습니다. 하지만 저는 제주에서 여행자로 사는 것이 아니었습니다. 뿌리를 내리고 싶은 사람으로서 제대로 된 '물질'을 배워보고 싶었습니다.

물질은 배우고 싶다고 쉽게 배울 수 있는 것이 아닙니다. 제가 아무리 제주 태생이라 해도 아직 외부인의 옷을 다 벗지 못했고, 해녀학교도 거쳐야 하고 어촌계에서 저를 받아주어야 가능한 일이었습니다. 어떻게 하면 그분들의 마음을 열 수 있을까요? 인사를 잘 하는 것? 그분들의 이야기를 잘 들어드리는 것? 일을 도와드리는 것? 바로, '물마중'이었습니다.

해녀의 물질은 간단합니다. 옷을 갈아입고 장비를 챙겨서 바다에 나가 다섯 시간, 여섯 시간 물질을 하고 돌아오죠. 주로 해삼이나 뿔소라가 잡히는데, 많이 잡으면 한 번에 50킬로그램씩 가지고 옵니다. 보통 해녀의 평균 연령이 육십, 칠십 대입니다. 대여섯 시간씩 물질해서 캔 해산물을 물 밖으로 가지고 나올 때 몇 가지 악조건이 있습니다. 첫 번째는, 무겁다. 두 번째는, 미끄럽다. 세 번째는, 지쳤다.

바다의 끝은 백사장만 있는 것이 아니에요. 해녀가 물질하는 곳은 위험천만한 갯바위로 가득한 곳입니다. 물속에서 사고가 나는 것보다도, 지쳐 있는 몸을 끌고 바다에서 나올 때 어마어마한 무게를 이기지 못하고 미끄러져 큰 사고가 일어납니다. 그래서 그때 잡아온 해산물을 물 밖에서 누군가 들어주는 걸 물마중이라고 합니다.

저는 그분들의 마음을 얻고 싶은 사람이니까 달달한 간식거리를 사 들고 기다립니다. 물 안에 계시면 입이 너무 짜니까 달달한 간식을 좋아하신다는 걸 알게 되었고, 치아가 약한 분들이 많으니 너무 끈적이거나 딱딱하지 않은 것으로 준비합니다. 저 멀리 주황색 테왁이 보일 때부터 손을 흔들며 마중을 나갑니다. 그러면 저 멀리서도 손을 크게 흔들어주세요. 물마중 나온 사람을 보면 피가 따뜻해지는 느낌이 든다고 합니다. 테왁을 받기 전에 그분들의 얼굴을 보며 이렇게 말씀을 드립니다.

"아이고 삼촌, 너무 수고하셨습니다. 바다 많이 춥죠."

제주에서는 어른을 '삼촌'이라고 부르며 존경의 마음을 표시합니다. 제가 인사드리며 테왁을 잡아 올리면 지친 해녀분들은 한결 수월하게 물속에서 나오십니다. 간혹 해녀의 남편분이 물마중을 나오시기도 하는데, 할머니는 보지도 않고 테왁을 확 잡아 올리곤 다시 본인 길을 가시더군요. 저는 할아버지를 보면서 매정하다 생각했는데, 놀랍게도 할머니는 무척이나 뿌듯한 표정이었습니다. 왜냐하면 본인 외에는 아무도 남편이 물마중을 나오지 않았으니까요.

인생에 물마중을 나올 사람이 아무도 없을 때,

우리에게 서러움이 찾아옵니다.

하루 종일 고생하며 바쁘게 살았는데 아무도 알아주지 않을 때,

평생을 열심히 살았는데 누구도 인정해주지 않을 때, 어깨를 두드리며 작은 격려해주는 이 하나 없을 때, 간신히 버티고 서 있는 무릎을 꺾이게 만드는 서글픔이 밀려옵니다. 그리고 그때 꼭 사고가 나요. 짊어진 짐은 무겁고, 세상은 미끄럽고, 나는 지쳤으니까요. 오히려 긴장하고 살 때는 사고가 잘 나지 않습니다. 바쁜 일이 끝나고 힘들었던 일이 얼추 마무리되고 큰일이 지나갔을 때, 여유가 조금 찾아와 이제 긴장을 조금 풀어볼까 할 때 몸과 마음에 병이 찾아옵니다.

수없이 숨을 참고 차디찬 바닷물 속을 들어갔다 나왔다 하며 지쳐 있는 해녀 삼촌들처럼, 어느 날 우리 등 뒤에 커다란 짐이 지어져 있는 걸 발견할 수도 있습니다. 그 무거운 짐을 잘 내려놓을 수 있도록 물마중을 나와주는 이가 당신에게는 있나요? 또는 당신은 누군가에게 물마중을 해주고 있나요? "아유, 추운데 얼마나 수고가 많았어. 힘들었겠다. 얼른 들어가서 밥 먹자" 같은 말을 들을 수 없을 때 우리는 슬프고 억울한 마음이 듭니다.

너무 버거운 짐을 지고 걷고 있는 이를 보게 된다면, 자칫하다 미끄러져 넘어질 것 같은 이가 곁에 있다면 작은 마중부터 시작해 보십시오. 아내나 남편, 자녀, 또는 직장동료나 친구에게 오늘 하루 어땠는지, 힘든 일은 없었는지 말을 건네는 것, 혹은 그저 곁에 있어주는 것만으로도 커다란 위안이 될 수 있습니다. 그 작은 물마중이 누군가의 큰 사고를 막아줄 수 있을지도 모릅니다.

혹시 아무도 나에게 마중을 나와주지 않더라도 스스로 격려를 아끼지 마십시오. 든든하게 밥 챙겨 먹고, 나에게 좋은 것을 주고, 살아가느라 애쓴다고 자신을 다독여주기만 해도 우리는 또 하루를 살아갈 힘을 얻을 수 있습니다. 고된 하루의 노동 끝에 따뜻하게 피가 도는 느낌을 받을 수 있을 것입니다.

Proposal

물질과 강연과 우리 삶에는 공통점이 있습니다. 강연도 인간관계도 깊숙한 곳에 들어가서 사람의 마음을 따는 것이라는 점입니다. 강연자는 청중의 마음 깊숙한 곳에 있는 걸 따야 합니다. 부모는 아이들 마음 깊숙한 곳에 있는 것을 따야 좋은 부모입니다. 그러려면 물질하고 똑같습니다. 숨을 참아야 합니다. 누군가의 마음을 얻으려면 참아야 해요. 자기 숨만 쉬면서, 자기가 하고 싶은 대로만 하면서 사람의 마음 깊숙한 곳에 있는 것을 따기란 결코 쉽지 않습니다. 더 깊숙한 곳을 가고 싶다? 그러면 숨을 더 참아야 합니다. 진짜 씨알 굵은 좋은 물건은 깊은 물에 있거든요.

선배 해녀가 은퇴할 때 후배에게 딱 한마디 합니다.
"네 숨만큼만 허라이."
여기에 아주 역설적인 진리가 있어요. 숨의 역설입니다. 숨을 잘 참으려면 먼저 숨을 잘 쉴 줄 알아야 합니다. 숨을 쉴 줄 모르면서 참기만 하면, 뇌에 산소가 부족해져서 의식을 잃습니다. 뇌가 잠깐 스위치를 꺼버립니다. 순간 큰 사고를 당합니다. 영업을 하려고 숨을 참고, 누군가에게 감동을 주려고 숨을 참고, 팀에 분쟁이 없게 하기 위해 숨을 참고, 아이들 키우느라 숨을 참고, 각자의 상황에서 숨을 참고 살다 나를 위험한 순간에 이르게 할 수 있습니다. 정신적 졸도를 하거나 삶이 위기에 들어섭니다.

관계를 유지하고 생계를 이어가기 위해 숨을 참는 우리들은 참 숭고한 일을 하고 있습니다. 그런데 숨을 참으려면 먼저 숨을 잘 쉬어야 합니다. 숨을 쉬는 것이 먼저라는 걸 잊지 마세요.

중간중간 물 밖으로 나와 숨을 쉬십시오. 조금은 이기적이어도 괜찮습니다. 건강한 이기주의가 최고의 이타주의가 됩니다. 숨 참고 억울한 이타주의로 살다가 한 많은 인생이 될지도 모릅니다. 젊은 날은 지나가고, 스스로 무엇을 원하는지 알지 못하고, 마음에 병이 생기는 삶…. 분명 당신이 원하는 삶이 아닐 거예요. 그러니 이제 참지 말고 숨을 쉬십시오. 나만의 숨. 숨 쉬면서 사시길 바랍니다.

★

힘이 너무 들어간 당신에게

해녀 삼촌들을 따라서 물질을 해보면 얼마나 힘든 일인지 온몸으로 알게 됩니다. 저는 제주에서 알고 지내던 해남海男 형에게 일대일 물질 수업을 받았습니다. 겨우 30분 정도 들어갔다 나오는 수준이지만 엄청난 체력 소모가 발생합니다. 온몸에 근육통이 찾아오고 기진맥진한 상태가 되지요.

해녀가 바닷속으로 입수하는 것을 '숨긴다'라고 표현합니다. 저는 숨기는 자세도 불안정하고 바다 깊이 들어갈수록 귀도 너무 아팠습니다. 수심이 깊어 귀가 꽉 막히면 코와 입을 막고 귀를 뚫는 '이퀄라이징'이라는 압력평형 연습도 스스로 해야 하는데, 쉽게 적응이 되지 않았습니다. 그러다 보니 물속에서 어떻게든 살려고 저도 모르게 테왁과 돌을 꽉 붙잡고만 있다가 나오기도 했습니다.

힘들고 아프다고 해남 형에게 엄살을 부렸더니 형은 이런 말을 꺼냈습니다.

"창옥아, 네가 살아남으려고 테왁을 너무 세게 잡아서 그래."

테왁은 물질할 때 가장 중요한 장비입니다. 채취한 해산물을 보관할 수도 있고, 바다에서 이동을 편하게 해주며, 잠깐 휴식을 취할 수 있도록 도와주는 장비죠. 물 위에 떠 있는 형광 주황색의 테왁을 발견하면 해녀가 작업하고 있는 곳을 쉽게 찾을 수 있습니다. 늘 땅을 딛고 걷다가 바다에 들어가면 저 같은 초보는 우선 발이 닿지 않는다는 당연한 사실에 당황합니다. 3미터, 5미터 점점 깊어질수록 공포가 찾아옵니다. 팔다리를 허우적대다 살아남으려는 본능으로 테왁을 세게 잡고, 어떻게 해야 할지 모르니 더 꽉 끌어안게 되는 것이지요. 모르는 새에 몸에 잔뜩 힘이 들어갑니다. 물속에 있을 땐 잘 알지 못합니다. 물 밖에 나왔을 때 지친 몸을 보고 깨닫게 되죠.

'힘을 많이 주고 있었구나.'

우리는 바쁘고 경황이 없어서 내가 온몸에 힘을 주고 있는지도, 얼마나 긴장하고 있는지도 모른 채 살아갑니다.

초보 해남이 하는 실수는 이뿐만이 아닙니다. 또 다른 실수는 물을 먹지 않으려고 갖은 노력을 한다는 것입니다. 물질을 할 때 바닷물을 먹는 건 피할 수 없는 일입니다. 그런데도 어떻게든 안 먹으려고 애를 쓰지요. 물을 안 먹으려고 할수록 오히려 두 가지를 함께 먹게 됩니다. 바로, 물과 겁.

차라리 '아, 물 좀 먹어버리겠어' 하고 마음먹으면 오히려 물질이 수월해집니다. 바닷물 좀 먹는다고 죽지는 않잖아요. 입속에 들어오는 물이 좀 짜고 힘들어도 먹어버리겠다는 각오를 하면 적어도 겁을 먹지는 않습니다. 바다에서 겁을 먹기 시작하면 몸에 힘이 들어갑니다. 힘이 들어가면 어떻게든 살아남으려고 테왁이나 돌을 힘껏 붙잡습니다. 물질의 경우만이 아닙니다. 우리는 겁을 먹고 삶에서 무언가를 꽉 붙잡고 있습니다. 누군가는 그것이 돈일 수도 있고 누군가에게는 명예나 인기일 수도 있고, 누군가에게는 안정된 직장이나 가정일 수도 있고, 누군가에게는 무모한 욕심과 요행을 바라는 마음일 수도 있습니다.

우리 모두에게는 망망대해에서 살아남기 위한 삶의 테왁이 있습니다. 테왁이 우리 인생을 잘 흘러가게 만들기도 하고 쉼을 주기도 하고 어떠한 결과물을 얻게 해줄 수도 있습니다. 테왁에 몸을 잘 맡기면 이곳저곳 흘러가며 수확물을 얻게 되겠죠. 하지만 삶의 테왁을 너무 꽉 움켜쥐게 되면 몸에 힘이 들어가 금방 기운이 빠지고 삶이 아파옵니다. 손에 끼고 있던 장갑도 잃어버리고 중요한 도구도 놓치게 되지요. 삶으로 치면, 소중한 사람과의 관계를 잃을지도 모릅니다.

그러니 연습해보세요.

물 먹어도 괜찮다, 실수해도 괜찮다, 생각하며

몸에 힘을 조금 빼보는 연습.

꽉 쥔 손을 풀어 편하게 테왁을 잡고, 가끔씩 그 위에서 잠시 쉬다 보면 물 밖에 나와도 탈진하며 쓰러지지 않게 됩니다. 끝없이 펼쳐진 바다 위에서 테왁 하나 쥐고 헤엄치는 저에게 “너무 꽉 잡지 않아도 괜찮다”라는 해남 형의 말은 뜻밖의 위로가 되어주었습니다. 진짜 괜찮아집니다. 한 번에 잘 되진 않아도 조금씩 괜찮아집니다.

당신이 너무 꽉 잡은 것이 있다면

그렇게 꽉 잡고 있지 않아도 괜찮습니다.

저는 이 말 한마디 듣는 것만으로도 큰 힘이 되었습니다. 여러분에게도 말해주고 싶었습니다. 너무 꽉 붙잡고 있지 않아도 괜찮다고.

해보니 조금은 알 것 같았습니다. 몇 시간 동안 숨을 참아가며 물질을 하고 물 밖으로 나올 때, 몸은 지치고 마음도 에너지도 바닥을 보였습니다. 테왁을 채운 오늘 물질의 결과물들이 성과이기도 하지만 짊어지고 이동해야 할 짐이기도 했습니다. 마찬가지로 삶에서 뭔가를 캤고 성과를 냈지만, 그것들이 내게 무거운 짐이 될 때가 있습니다.

아버지가 되어도 짐이 있고, 어머니가 되어도 짐이 있고, 팀장이 되고 사장이 되어도 짐이 있습니다. 책임감 있는 사람이 주로 짐이 많습니다. 그때 한번 미끄러지면, 큰 사고가 납니다. 힘든 일이 끝날 즈음, 이제 좀 살겠다 싶을 즈음, 죽을 둥 살 둥하게 만들었던 일이 수월할 즈음…, 그때 미끄러지면 크게 다칩니다.

당신이 지금 삶의 중요한 것들을 캐고 짊어지고 있다면, 물 밖으로 나올 때 물마중을 나온 사람의 손을 꼭 잡으세요. 자존심을 세우면서 당신에게 내민 손을 마다하지 마시고요. 손을 잡아본 사람만이 손을 내밀 수도 있습니다. 혹여 다들 사는 게 바빠 손 내민 사람이 없다면, 스스로 몸과 마음을 낮추고 다치지 않도록 조심조심 나오면 됩니다. 내 삶을 지키는 것, 그것이 무엇보다 중요합니다.

★

괜찮은 척, 안 힘든 척하지 말아요

어느 날 아버지 손 한쪽에 피멍이 들어 있는 것을 보았습니다. 어머니께 물었습니다.

"엄마, 아버지 손에 왜 이렇게 피멍이 들었어요?"

어머니 말씀이 아버지가 넘어지셨다는 것입니다. 그래서 제가 아버지 눈을 바라보며 입 모양을 크게 하며 말했습니다. 청각장애가 있으셔서 입 모양을 크게 해야 그나마 소통이 가능합니다.

"아버지, 지팡이를 짚으세요, 지팡이."

어머니는 소용없는 일이라는 듯 고개를 내저으셨습니다. 아무리 말해도 지팡이를 짚지 않으신다는 것이었습니다. 당신 다리가 이제 성치 않아서 제대로 걷지 못하시면서도 지팡이를 안 짚는다는 것이었습니다. 도대체 왜 지팡이를 안 짚으시는지 물었더니 어머니의 대답에 저는 충격을 받았습니다.

"창피해서 안 짚는단다."

여든이 넘는 나이에도 지팡이를 짚는 것이 창피해서 안 짚다니.

'아, 그놈의 자존심.'

살면서 우리 삶을 정말로 힘들게 하는 것 중 하나가 자존심이라는 생각이 듭니다. 결국은 누군가와 틀어지고 다투게 되는 것도, 진짜로 하고 싶었던 일을 하지 못하게 된 것도, 내가 원하는 대로 살지 못하는 것도 자존심 때문일 때가 많습니다.

성인이 되고 사회적 위치가 어느 정도 생기면 자존심은 더욱 기세등등해집니다. 힘들다고 잘 표현하지 않고 센 척하면서 '안 힘든 사람이 어디 있어? 다 힘들지. 말한다고 달라지나? 그냥 다들 이렇게 사는 거지' 하며 냉소적으로 삶을 대합니다.

힘들면 힘없는 다리로 계속 걷지 마시고
지팡이를 살짝 짚으십시오.
너무 창피하게 생각하지 마시고요.

겨울에 빙판길에서 넘어졌을 때 절대로 하지 말아야 할 행동이 있습니다. 바로 벌떡 일어나려고 하는 것입니다. 이미 어딘가 부러지고 다친 상태에서 벌떡 일어나려고 힘을 주면 잘 일어나지 못하고 다시 넘어지게 됩니다. 더 큰 상처를 입습니다. 삶도 마찬가지입니다. 삶에서 넘어졌을 때 부끄럽고 수치스럽다고 벌떡 일어나려고 하지 마세요. 잠시 가만히 넘어진 채로 몸을 살피는 것이 중요합니다. 어디 더 다친 곳은 없는지, 얼마나 다쳤는지 살펴주세요. 곁에 좋은 사람이 있으면 다가와 도와줄 것이고 사람이 없으면 천천히 손을 짚고 갖고 있는 가방이나 물건 같은 것을 디디고 일어나면 됩니다.

사람 사는 이치가 다 비슷합니다. 외국에 '스승은 배우고자 하는 마음을 먹을 때 나타난다'는 말이 있습니다. 스승이 있는 삶은 상당히 괜찮은 삶입니다. 스승은 내가 배우고자 하는 마음을 먹을 때 비로소 나타납니다. 알고 싶은 마음, 나아지고 싶은 마음. 그때 스승은 사람으로 나타날 수도 있고 책으로든 영상으로든 일상의 깨달음으로든 여기저기에서 나타납니다.

요즘 힘든 일이 있다면, 안타깝게 자존심 때문에 지팡이를 짚지 않다가 더 큰 위험을 당하지 마시길 바랍니다. 지팡이도 짚고 허리 보호대도 차고 보행기에 의지하십시오.

저도 강연을 할 때 허리 보호대를 종종 차고 무대에 오릅니다. 허리 보호대는 치료를 위한 것이 아닙니다. 한번은 제가 의사에게 물어봤습니다.

"선생님, 이걸 왜 합니까?"

의사가 이렇게 답하더군요.

"이걸 해서 낫는 게 아닙니다. 근데 이걸 해야 낫습니다."

도대체 무슨 말일까요? 저는 허리가 아프고 약합니다. 이런 상태에서 취하면 안 되는 자세들이 있습니다. 함부로 구부려도 안 되고 비뚤어진 자세를 오래 취하고 있어도 안 됩니다. 허리 보호대를 하고 있으면 안 좋은 동작과 자세를 취하려 할 때 불편해서 하지 못하게 됩니다. 아예 막아주지요. 어쩌면 한 권의 책, 한 편의 강연은 허리 보호대와 같을지도 모릅니다. 책을 읽는다고 강연을 듣는다고 삶이 극적으로 변하진 않습니다. 기적적으로 낫고 치료되지 않습니다. 하지만 자신이 좋아하는 것과 좋은 것을 자꾸 만나다 보면 아주 결정적으로 하면 안 되는 행동을 하려고 할 때 머리에서 탁 하고 브레이크를 걸어줄 것입니다. 허리 보호대처럼 말이지요. 그것이 우리 삶을 좀 더 낫게 만듭니다.

힘들 때 필요한 것은 자존심이 아닙니다.
도움입니다.

우리는 이미 많은 것을 알고 있습니다. 본디 '안다'는 것은 '몸이 경험한다'라는 뜻입니다. 그래서 진짜 알면 무의식적으로 그렇게 행동하며 살고 있어야 합니다. 하지만 우리는 보통 '안다'는 것을 '들어봤다' 정도로 생각하는 것 같습니다.

"나 그 얘기 알아."

이걸 '안다'라고 생각하는 것이죠. 하지만 삶을 경험하지는 않습니다. 이미 많은 것을 알고 있는 여러분이 그 앎을 자기 삶으로 경험하시길 바랍니다. 도움이 필요하다는 걸 안다면 자존심은 내려놓고 그 앎을 경험해보시길 바랍니다. 프랑스의 소설가 폴 부르제는 '생각하는 대로 살지 않으면 결국 사는 대로 생각한다'고 했습니다. 그렇게 '아는 것'대로 살다 보면 안으로든 밖으로든 달라져 있는 자신을 발견하게 될 것입니다.

★

나만의 충전법 갖기

저는 〈나는 자연인이다〉라는 프로그램을 무척 좋아합니다. 언젠가 꼭 출연하고 싶은 프로그램이기도 합니다. 한번은 〈나는 자연인이다〉 사회자인 이승윤 씨와 프로그램에 대한 이야기를 나눈 적이 있습니다.

이승윤 씨가 들려준 인상적인 이야기가 있습니다. 승윤 씨는 프로그램 초기에는 자연인 선생님들께 이렇게 물었다고 합니다.

"선생님, 안 불편하세요? 선생님, 언제가 가장 불편하세요?"

승윤 씨가 보기에 자연 속에서 사는 삶이 많이 불편해 보였던 것이죠. 먹는 것, 씻는 것, 자는 것, 모든 부분에서 불편해 보였다고 합니다. 그러던 중 자연인 한 분께서 이런 말씀을 하셨다고 합니다.

"왜 자꾸 불편하다고 물어보세요? 저는 불편한 것 없이 잘 살고 있는데 자꾸 무엇이 불편하냐, 언제가 불편하냐 물으니 기분이 좋지 않습니다. 불편하냐고 이제는 그만 물어봐 주셨으면 합니다."

승윤 씨는 아차 하는 마음에 이제는 언제 행복한지를 물어본다고 합니다. 자연인 선생님들 대부분은 그 질문을 낯설어했다고 합니다. 자신이 언제 행복한지 콕 짚어서 말을 하지 못했지만, 대신 그분들은 "행복하다"가 아닌 "좋다"라는 말을 굉장히 자주 쓴다고 합니다.

좋다, 산이 좋다.

좋다, 물이 좋다.

좋다, 공기가 좋다.

좋다, 여기 음식이 좋다.

좋다, 산에서 난 이 열매가 좋다.

좋다, 나는 여기서 사는 게 너무 좋다.

그분들의 이야기를 전해 들으면서 그 마음을 상상해보았습니다. 어쩌면 그분들은 일상 대부분의 시간이 행복하기 때문에 언제 행복한지 콕 짚어 설명하지 못하는지도 모릅니다. 일상에 행복이 많은 사람에게는 '언제' 행복하냐는 질문이 낯설 수 있습니다. 이미 일상이 되어버렸으니까요. 그래서 정말 행복한 사람은 행복을 잘 생각하지 않아요. 자신의 삶이 행복하지 않다 여기는 사람들이 더 강하게 행복을 찾습니다. 그분들은 그저 삶에 감탄하고 있었습니다. "아, 좋다"라고.

사람마다 자연은 다릅니다. 전기도 들어오지 않는 외진 산이 누군가에는 자연이고, 근사한 풀빌라가 누군가에게는 자연입니다. 누군가에게는 멋진 레스토랑에서 맛있는 음식을 먹으며 친구들과 수다 떠는 것이 자연이고, 누군가에게는 조용한 카페에서 홀로 듣고 싶은 음악 듣고, 읽고 싶은 책 읽는 것이 자연입니다.

자연인 선생님들은 자신이 좋아하는 장소와 사람, 일을 알고 있기 때문에 "좋다"는 감탄을 자주 할 수 있었던 것입니다. 꼭 자연인 선생님들처럼 살아야 자연인이 아닙니다. 좋아하는 장소, 좋아하는 사람, 좋아하는 일을 찾아 누릴 때 우리는 비로소 자연인이 됩니다.

누군가 말했습니다.

"사람은 좋아하는 일을 할 때가 쉬는 시간이다."

우리는 좋아하는 장소, 좋아하는 사람, 좋아하는 일과 함께할 때 쉴 수 있습니다. 지금 충전이 필요한 때라면, 삶이 퍽퍽하다면, 좋아하는 일을 하면서 "아, 좋다" 하며 감탄하는 삶, 쉼이 있는 삶을 사시길 바랍니다.

Proposal

좋아하는 곳에 가세요.

집중되는 곳.

시간이 빨리 가는 곳.

돈을 쓸 가치를 느끼는 곳.

마땅히 대가를 지불하는 곳.

그곳이 바로 당신의 영혼이 좋아하는 곳이에요.

우리 영혼은 단순한 하나의 열쇠가 아니에요. 번호키와 같아요. 상당히 복잡한 자신만의 번호가 있어요. 당신만의 고유한 코드를 찾으세요. 집중하고 반복하고 시간이 어떻게 흐르는지도 모르는 곳. 돈을 내고 싶고 돈을 내서 그 기회를 얻을 수 있길 염원하는 곳. 그곳, 그것, 그 사람을 찾으세요. 그것이 정말로 남는 장사예요. 가치를 느끼고 흥미를 느끼는 지점을 누리세요. 그렇지 않으면 살아생전 고생만 했다고 느끼게 돼요. 내 인생 전체를 누군가 앗아가 버렸다고 원통하게 돼요. 자신만의 자연을 아직 찾지 못하신 분들도 너무 늦지 않게 자연인이 될 수 있기를 기원합니다.

★

혹시 핑계 대고 있지는 않나요?

저의 제주살이가 사실 별것 아닌데, 어떻게 보면 또 엄청 큰 일이기도 합니다. 서울과 제주를 오가는 제 생활을 보시고 "김창옥이니까 가능한 것 아니에요?"라고 묻는 분들이 많습니다. 저도 비슷한 생각을 할 때가 있었습니다. 제가 방송 프로그램을 하면서 친해진 한 분은 캠핑장의 일부를 빌려서 며칠씩 머물곤 했습니다. 촬영이 끝나고 출연자들을 캠핑장으로 초대해주셔서 저도 함께 다녀온 적이 있습니다. 그곳에서 맛있는 음식도 해먹고, 캠핑의자에 앉아 두런두런 이야기를 나누며 시간을 보냈습니다. 그때 저도 그분께 비슷한 질문을 했습니다.

"형이니까 이렇게 사시는 거죠, 돈이 많으니까요. 저 같은 사람은 이렇게 못해요. 그럴 여건이 안 돼요. 제가 아이도 셋이고, 강연을 안 하면 벌이가 없어요. 이 시간에 돈 벌어야 해요."

그런데 그분이 캠핑장 전체를 샀다거나 명품을 두르고 사는 것은 아니었거든요. 시골 캠핑장의 한쪽 구석을 임대해서 자신이 숨을 쉴 수 있는 공간으로 만들어놓고, 일이 끝나면 그곳에서 잠시 시간을 보내는 것이었습니다. 그때의 저는 감히 소망하지도 못했습니다. '나도 저렇게 살아야지' 하는 마음이 아니라 '저렇게 사는 사람도 있구나'라고 신기하게만 바라보았습니다.

그 후 조금씩 소망하게 되었어요. 내가 살고 싶은 삶을요. 제가 지금과 같은 삶을 어느 날 갑자기 살게 된 것은 아니었습니다. 소망한 지 5~6년 만에 첫 시도를 했습니다. 그런데 잘 되지 않았습니다. 제가 원하는 느낌이 아니었고, 후회만 됐습니다. 원래 살던 패턴과 속도가 있는데 갑자기 바꾸려고 하니 차가 급브레이크를 밟은 것처럼 끼이익 요란하고 시끄러운 소리만 날 뿐 방향 전환이 잘 되지 않았던 것입니다.

새로운 세상을 살고 싶다면,
기존의 세상을 차차 거절해야 합니다.

사실 기존의 세상은 돈과 일감이 엮여 있거든요. 한 번에 전부를 거절할 순 없어요. 살아야 하니까요. 하지만 거절을 하지 못하면 머리로만 새로운 세상을 살고, 몸은 예전의 세상에서 계속 살게 됩니다. 새로운 세상으로 가고 싶다는 용기와 열망이 있다면, 기존 세상의 제안이나 관계나 돈을 거절할 수 있어야 합니다. 70퍼센트는 새로운 세상을 맞이할 수 있는 빈 공간으로 두고 나머지 30퍼센트는 치열하게 사는 거예요. 그런데 전과는 다른 방식으로요.

다시 4년이 흘렀습니다. 제가 지내는 제주도 집은 제 집은 아닙니다. 한 달에 40만 원 정도 연세를 주고 빌린 집이에요. 예전에 힘든 일상을 보상받으려고 쇼핑에 많은 돈을 쏟아 부었습니다. 억울하고 공허한 마음을 달래기 위해 많은 돈을 썼지만 영혼은 점점 가난해져 갔습니다. 누군가의 눈에는 지금의 제 삶이 사치스러워 보일지도 모르겠습니다. 자신에게는 불가능한 일, 많은 돈이 있어야 가능한 일이라 생각할 수 있습니다. 저 역시 그렇게 생각했었으니까요. 그런데 소망한 대로 사는 것이 사실 엄청 거창한 일이 아닐 수 있습니다. 가계가 흔들릴 정도로 비용이 들거나 생업에 지장을 줄 정도로 시간을 투자해야 할 일은 아닐지 몰라요. 한번 직시해보세요. 혹 새로운 세상이 두려워서 핑계만 대고 있는 건 아닌지 말입니다. 저처럼 여유로운 것이 낯설고 어색해서 그냥 모른 척하고 있는 건 아닌지 말입니다. 내가 정말 그 정도의 여유를 나를 위해 낼 수 없는 상황인지를요.

하루는 혼자 제주 집 앞마당을 정리하는데, 살짝 눈물이 났습니다. 마치 아무도 없는 큰 성당에서 무릎을 꿇고 "감사합니다"라고 기도를 드리는 느낌이었습니다. 소망하고, 시도하고, 실패하고, 다시 소망하고, 비로소 감사의 눈물을 흘리기까지 꽤 오랜 시간이 필요했습니다. 소망한 대로 살지 못하게 방해하는 것이 무언지를 직시해보십시오. 그리고 시간이 필요하다는 것도 기억하세요. 그러면 여러분도 문득 엎드려 감사의 눈물이 흐르는 곳을 찾으실 수 있을 것입니다.

제가 예전처럼 살다가 어느 날 갑자기 병이나 사고로 세상을 떠났다면 정말 억울해서 구천을 떠돌았을 것 같아요. 세상에 조금 좋은 일을 했을지는 모르겠지만 제 인생 자체로는 너무 억울했을 것 같습니다. 지금은 이렇게 생각합니다.

'아, 내가 이런 방식으로 살면 무덤에 잘 눕겠다.'

여러분도 후회가 없는 생으로 마치시길 바랍니다.

고마워하며, 사랑하며,

나는 누군가의 삶을 이롭게 했던가,

나는 세상에 ....

어떤 유익한 일을 했던가 돌아보며

다시 뿌리를 내리고 있습니다.

2

나만의 — 꿈

★

사랑해야 보이는 것들

사람은 좋은 것이든 안 좋은 것이든 길들여집니다. 사람의 머리는 좋은 것, 안 좋은 것도 판단하지만, 자연스럽냐 부자연스럽냐 역시 중요하게 생각합니다. 대부분 오래 해왔던 방식, 오래 살아온 방식을 더 자연스럽다고 여깁니다. 하지만 정확하게 말하면 그건 자연스러운 것이 아니라, 거기에 길들여졌거나 익숙한 것입니다. 자신의 삶을 갉아먹는 줄도 모르고 살아온 대로 살다가 어느 순간 문제가 생깁니다. 한 번, 두 번, 반복해서 문제가 생깁니다.

그래서 저는 제주를 오가는 삶을 결심했습니다.

번잡한 도시 속 극심한 경쟁사회에서 발버둥치며 살다가 나이가 들면 귀농이나 귀촌을 꿈꾸는 사람들이 많습니다. 저는 조금 일찍 실현한 편입니다. 나에게 시간을 주는 일, 휴식과 쉼을 주는 일을 너무 늙어 하는 것은 억울하다는 생각이 들었기 때문입니다. 아직 완전히 내려가기 어려우니 부분적으로 오고가는 생활을 결심했고, 제 시간을 분리해 도심 속에서의 김창옥과 자연 속에서의 김창옥의 삶을 함께 살고 있습니다.

사람은 나무와 참 비슷합니다. 나무가 한곳에서 뿌리를 깊이 내릴수록 옮겨심기가 어려워집니다. 뿌리가 상하지 않도록 파내는 일도, 크고 굵은 나무를 이송하는 일도 어렵고 큰 비용을 지불해야 합니다. 최근 자신의 땅에서 자라고 있는 아름다운 동백나무와 단풍나무를 사람들에게 가져가라고 한 분이 있었습니다. 모두 관심을 보였지만 선뜻 가져가겠다고 나서는 사람이 없었습니다. 큰 나무를 옮기려면 사람 손으로 할 수 없어 포클레인과 트럭 등 장비를 불러야 했고, 인부도 많이 필요했습니다. 배보다 배꼽이 더 큰 상황이니 아무도 나서지 못한 것이지요.

사람도 뿌리를 깊게 내릴수록 다른 곳으로 옮기기가 참 어렵습니다. 오래 산 익숙한 동네를 떠나는 일도 어렵고, 오래 일하던 직장을 그만두는 것도 어렵고, 이혼도 어렵습니다. 이혼은 결혼보다 더 어렵습니다. 심는 일보다 옮기는 일이 더 어려운 법입니다. 그래서 선불리 결심하지 못합니다. 생각만 하고 상상만 합니다.

'나도 저렇게 살고 싶은데….'

사람들 대부분이 옮겨 심지 못하고 생을 마감합니다. 나무를 새로운 땅에 옮겨 심으면 자리 잡기 위해 나무에게 네 배의 힘이 필요하다고 합니다. 뿌리를 다시 내리고 영양분을 새로이 공급받는 힘이 부족하면 그대로 죽고 마는 것이지요. 차라리 옮기지 않는 것이 더 나았던 것입니다. 새로운 곳으로 옮겨 가 뿌리를 내렸는데 더 힘들고 더 못 살면 이전에 살던 곳, 살던 패턴, 만나던 사람들이 아쉬워집니다. 하지만 다시 돌아갈 수도 없습니다. 그러니 우리 인생이 참 쉽지 않은 것입니다.

사람도 나무처럼 옮겨 심는 일, 그곳에 뿌리를 잘 내리고 건강하게 사는 일에 네 배의 힘을 필요로 합니다. 시골로 가는 사람, 반대로 도시로 향하는 사람, 아예 이민을 가는 사람…, 상당수가 뿌리를 잘 내리지 못합니다. 그들의 잘못이 아닙니다. 부족해서도 아닙니다. 힘에 부치는 것이 당연합니다. 강한 의지로 뿌리를 내리고 외부로부터 영양분을 공급받아야 합니다. 도움도 청하고 먼저 손도 내밀어야 합니다.

제주로 다시 향했지만, 사실 저에게 제주는 사면이 바다로 막힌 감옥과도 같은 곳이었습니다. 그래서 젊은 시절 언제나 제주를 떠날 꿈을 꾸고 결심을 하고 준비를 했습니다. 이제는 반대로 제주로 떠날 꿈을 꾸고 결심을 하고 준비를 합니다. 그렇게 제주에 다시 오려고 할 때 뿌리를 내릴 수 있도록 많은 사람들이 도와주었습니다. 네 배나 더 큰 힘이 필요한 일에 아마 저 혼자였다면 성공하지 못했을 것입니다.

제주에서 알아두면 좋다는 한 사람을 소개받았습니다. 그는 저에게 오름들을 알려주었습니다. 거제도에서 살다 제주로 온 소위 외지인이었고 저는 여기에서 태어난 사람인데, 그에게 제주를 소개받고 있자니 처음에는 살짝 마음이 상하기도 했습니다. '그래도 내가 제주 사람인데…'라는 생각이 들었습니다. 하지만 그가 소개해준 오름에 올랐는데, 그곳은 제가 제주에서 태어나 지금까지 살면서 본 가장 아름다운 풍광이었습니다. 마치 영화의 한 장면 속으로 들어온 기분이었습니다. 그에게 물었습니다.

"어떻게 이런 곳을 알게 됐어요?"

그는 대답했습니다.

"사랑하면 알게 돼요, 사랑하면."

제주에서 태어났다고 해서 제주를 잘 아는 것이 아니었습니다. 제주를 좋아하고 사랑해야 구석구석 좋은 곳을 알게 됩니다. 그 순간, 이 사실은 저에게 다른 언어로 번역되어 다가왔습니다.

'사람으로 태어났다고
인생의 진짜 멋과 맛을 다 아는 것이 아니다.
삶에 대한 애정과 사랑이 있을 때
비로소 인생의 멋과 맛을 알게 된다.'

세상에 당연한 것이란 없습니다. 그러니 우리는 삶 앞에서 겸손해야 합니다. 그간 너무 많은 것들을 당연하게 여기면서 누리고 살아왔습니다. 그러면서도 계속 더 달라고 하늘에 대고 졸라댔습니다. 안 줄까 봐 협상도 했습니다. '내가 원하는 것을 주면 나도 이것을 줄게요' 하고 말이지요.

세상을 혼자 힘으로 살아온 것처럼 똑똑한 척했었지만 우리가 누리는 물질적이고 정신적인 모든 것들은 많은 사람들의 수고가 깃든 것입니다. 이미 받은 것을 고마워하거나 즐거워하거나 누릴 줄도 모르면서 끝없이 달라고만 하는 삶에는 영원히 만족도 아름다움도 없을 것입니다.

고마워하며, 사랑하며, 나는 누군가의 삶을 이롭게 했던가, 나는 세상에 어떤 유익한 일을 했던가 돌아보며 다시 뿌리를 내리고 있습니다. 사람들의 도움을 기꺼이 받고, 그렇게 생긴 에너지를 나눌 곳을 찾으며, 그렇게 네 배의 힘을 만들어가며 제주에 뿌리를 내리고 있습니다.

제주에서의 제 삶이 어떻게 흘러갈지, 당신의 삶이 어떻게 흘러갈지 우리가 서로 알 수는 없지만, 분명한 건 우리가 소원하고 바라보는 바가 있어야 삶이 그렇게 흘러갈 확률이 높아진다는 것입니다. 진정으로 내가 바라는 삶이 한 번에 되지는 않을 것입니다. 하지만 계속 그곳을 향해 마음과 사랑을 둔다면, 괜찮은 삶의 지점으로 당신을 데려다줄 것입니다. 사랑하면 분명 알게 됩니다.

★

잘되든 안 되든 행복할 자신 있습니까?

인생을 살다 이런 생각이 들 때가 있습니다.

'진심을 다하고 있는데 왜 하늘은 도와주지는 못할망정 방해를 할까?'

하지만 우리가 방해나 실패라고 생각하는 것이 진짜 방해이고 실패일까요? 우리는 고기를 구울 때 한쪽을 충분히 굽고 난 후에 뒤집습니다. 혹시 지금 마음이 뒤집히고, 하던 일이 뒤집히고, 계획이 뒤집혔다면 그 '뒤집혔다'는 사실에만 매여 있지 마십시오. 너무 이르게 절망하지 마십시오. 하늘은 당신 인생의 다음 단계를 계획하고 있을지도 모릅니다. 한쪽 삶이 충분히 구워졌기에 그 다음으로 넘어간 것일지도 모릅니다. 그렇게 당신의 삶을 가장 적절한 온도와 타이밍으로 맛있게 익히고 있는 것일지도 모릅니다.

제주에서 지내면서 공방을 하는 한 친구를 알게 되었습니다. 그 친구가 하는 공방은 제주도 해변의 돌과, 베어진 삼나무 나뭇가지들을 리사이클해서 무드등을 만드는 곳입니다. 관광객이 찾아와 친환경 재료로 제주의 풍경을 담은 자신만의 무드등을 만듭니다.

이 친구와 친해져서 쉬는 날이면 같이 바닷가에서 수영도 하고, 스쿠터를 타고 해안도로를 달리기도 하고, 밤에 별도 보러 가고, 중학교 남자아이들처럼 여기저기 놀러 다녔습니다. 그런데 이 친구를 볼 때마다 드는 생각이 있었습니다. '마흔이 넘은 거 같은데 결혼 생각은 없나?', '공방을 확장해서 돈도 더 벌어야 할 거 같은데 괜찮나?' 하는 생각들이었죠. 코로나로 장사도 잘 안 될 것 같아서 걱정되는 마음에 슬쩍 물어봤습니다.

"요즘 장사는 좀 되니? 내가 홍보라도 도와줄까?"

돌아오는 대답은 역시나 상황이 좋지 않더라고요.

"형님, 요즘 장사 잘 안 되죠. 코로나로 관광객이 예전보다 줄기도 했고요. 그리고 관광객이 많을 때는 날씨가 좋을 때인데요, 날씨가 좋으면 사람들이 공방에 안 와요. 다들 나가서 놀려고 하죠. 비가 올 때 그나마 좀 되는 편이에요. 야외활동을 못 하니까 공방에 오시거든요."

그러더니 해맑게 웃으며 한마디를 덧붙였습니다.

"그런데요, 형님. 수업이 많으면 돈 벌어서 좋고요, 수업이 없으면 놀아서 좋아요."

저는 그가 마냥 힘들어할 것이라고 생각했습니다. 하지만 그는 일이 많으면 돈을 벌 수 있어서 좋고, 날씨가 좋아 손님의 발길이 뜸하면 본인도 바닷가에 가고 숲에도 가고 자전거와 오토바이도 타면서 놀 수 있어 좋다는 것이었습니다.

일을 할 때 안달복달하고 일희일비하는 제 모습이 떠올랐습니다. 걱정해야 할 대상은 친구가 아니라 저 자신이었습니다.

'일이 많은 순간에도, 일이 없는 순간에도
그 순간을 오롯이 즐겨본 적이 있나?'

일이 많으면 너무 힘들어서 쉬고 싶다고 생각했고, 일이 없어서 강제로 쉬게 될 때는 불안감에 시달리곤 했습니다. '이번 달에 나가야 할 돈이 많은데', '지금 강연 더 해야 지난달 손실을 메꿀 수 있는데' 같은 생각들로 힘들어했습니다. 일이 많으면 많다고, 일이 없으면 없다고 앓는 소리를 했습니다.

유튜브에 강연을 올리기 시작하면서부터는 조회수, 구독자수, 평균 시청 시간 등 온갖 숫자에 집착이 심해졌습니다. 구독자수가 생각보다 빠르게 늘지 않거나, 만족스러운 강연이었는데도 조회수가 낮으면 스스로를 의심했습니다. 점점 숫자에 삶의 주도권을 빼앗기고 있었습니다. 벌이가 조금 더 좋아졌을지 몰라도 삶의 여유는 바닥난 상태였습니다.

만약 지금보다 돈을 다섯 배, 열 배 더 벌게 되면 불안해하지 않을까요? 구독자수가 100만, 200만이 되면 여유를 즐길 수 있을까요? 숫자보다 더 중요한 것이 있다는 것을 친구의 한마디 덕분에 깨닫게 되었습니다.

숫자에 연연하지 않는 방법을 찾기란 자본주의 사회를 살아가는 우리에게 아마 어려운 일일 것입니다. 우리는 점점 더 많은 숫자 속에서 살아가게 될 테니까요. 그럼에도 어떤 숫자 속에 있건 너무 마음 졸이며 숫자에만 얽매이지 않았으면 좋겠습니다. 숫자에 우리 삶을 저당잡히지 않았으면 좋겠습니다. 하려는 일이 내 뜻대로 잘 안 되면, 그건 그것대로 잠시 숨을 고를 수 있는 시간이라고, 다른 즐거운 일을 찾아볼 수 있는 기회라고 생각해보면 어떨까요.

행복하게 일하고, 행복하게 쉴 줄 아는 것. 평생 풀어가야 할 숙제 같습니다.

'하고 싶은 것.'

이 말에 굉장히 큰 함정이 있습니다.

'하고 싶은 것'은 곧 내가 집중하고 몰입하는 것입니다. 한 번 집중했다고 그 일이 잘되진 않습니다. 반복해서 집중해야 합니다. 이것을 다른 말로 '일관성'이라고 합니다. 하고 싶은 것을 일관성 있게 해야 나중에 그것이 나의 기쁨이 됩니다.

사람들은 보통 '끌리는 것', '당기는 것'이 내가 진짜 하고 싶은 것이라고 생각해요. 꿀을 찾는 나비처럼 끊임없이 단 것을 좇습니다. 이 일을 하다가 지루해지기 시작하면 다른 일을 찾고, 저 일을 하다가 어려워지기 시작하면 또 다른 일을 찾습니다.

'끌림.'

이것은 시작의 느낌에 불과합니다. 처음에는 정말 강렬하게 끌렸다가 반드시 권태의 시기가 와요. 그럴 때 이 꽃 저 꽃 옮겨다니면 항상 같은 단계에서만 머무르게 됩니다.

'하고 싶지는 않지만 해야 한다'는 판단이 내려왔을 때 그 일을 반복해서 하는 능력은 모든 인간에게 매우 중요합니다. 저는 청소년 시기에 특히 이 힘을 길러야 한다고 생각합니다. 만약 내가 무얼 좋아하는지, 무얼 하고 싶은지 아직 모른다면 내게 주어진 일을 해내면서 나중에 정말 하고 싶은 일이 생겼을 때 반복할 수 있는 힘을 키우길 바랍니다. 하고 싶은 일을 마침내 해내는 사람, 그 일을 잘 해내 자신의 기쁨으로 만드는 사람. 결국 하고 싶은 것을 하기 위해선 해야 하는 것을 하는 힘이 필요합니다.

★

아빠의 꿈

"아빠, 아빠는 커서 뭐가 되고 싶어요?"

딸아이가 일곱 살 때 이런 질문을 한 적이 있습니다. 질문을 받고 조금 놀랐습니다. 그때 마흔 중반을 넘어서고 있었는데 '커서 뭐가 되고 싶어?'라는 질문이 너무 새삼스러웠던 것이지요. 질문은 매우 인상 깊었으나 저는 인상적인 답을 하지 못했습니다. '난 이미 다 컸는데…'라는 생각에 사로잡혀 결국 중언부언하며 제대로 된 답을 하지 못했습니다.

시간이 흘러 제주도에서 농산물과 수산물 등을 유통하며 지내고 있는 요즘, 딸이 다시 제게 같은 질문을 한다면 이렇게 대답하고 싶어요.

"아빠는 농부가 정직하게 기른 농산물을 필요한 사람에게 닿을 수 있게 해서 돈을 벌고 싶어. 돈을 벌어서 집도 사고, 과수원도 사고 싶지만 그것보다 더 사고 싶은 게 있는데, 아빠는 시간을 사고 싶어.

시간을 어떻게 사냐고?

세상을 살기 위해서는 먹는 것도 입는 것도 학교에 다니는 것도 다 돈이 필요한데, 그 돈을 벌기 위해 모든 시간을 써버리는 것이 아니라, 시간을 따로 내서 아빠가 좋아하고 의미를 느끼고 재미있어 하는 일을 하는 거야. 그게 나중에 돈이 되어도 좋지만 설령 돈이 되지 못한다 해도 아빠는 그 일들을 하고 싶어."

오롯이 나에게 집중하는 시간. 내가 의미를 느끼고 재미있어 하는 일들을 찾는 시간. 나를 필요로 하는 곳은 어디든 찾아가 돈에 얽매이지 않고 강연을 할 수 있는 시간. 그것이 내가 '커서' 하고 싶은 일이었습니다. 이제는 알겠더군요.

"아빠는 무료강사가 되는 것이 꿈이 됐어. 아빠가 강연에서 누군가를 위로하잖아. 사실 아빠는 누군가를 위로하려고 하는 건 아니고 아빠가 경험하고 느낀 일들을 이야기하는 것뿐인데, 사람들은 위로가 됐다고 말하는 경우가 많아. 그걸 돈을 받고 하는 것이 나쁜 건 아니거든? 근데 아빠는 돈 받고 위로를 전하고 싶지는 않아. 그냥 무료로 하고 싶어. 우리나라 어디에 있든, 세계 어디에 있든, 아빠가 사람들의 사연을 듣고 가고 싶은 곳이 생기면 가는 거지. 그러려면 돈도 필요하고, 아빠가 욕심을 놔야 하는 것도 필요해.

이것이 아빠의 꿈이야."

딸아이가 제 꿈에 대해 아직도 궁금해할지는 모르겠지만, 뒤늦게라도 아이의 질문에 답을 찾은 것 같아 기뻤습니다. 꿈을 이루기 위해, 그 시간을 사기 위해 코로나로 활동이 묶인 상황에서 제주에 머물며 좋은 농수산물을 찾아 유통을 하기 시작했습니다.

처음에는 제주 감귤, 제주 밤호박, 제주 생갈치 등 제주에서 나는 것들로 시작하다 육지에서 나는 것들까지 확장했습니다. 제주 농산물로만은 한계가 있고, 제철이 아닌 시기에는 한두 달씩 상품이 비는 문제를 해결해야 했습니다. 점점 조급한 마음이 들기 시작했습니다.

그러다 지인의 소개를 받아 경기도 안성에 있는 배 농가를 방문하게 되었습니다. 좋은 상품을 유통할 수 있을지 철저하게 검증하기 위해 농가를 직접 방문해 밭과 과실의 상태도 보고 수확하는 모습도 보고 싶었습니다. 제가 방문한다니 농가의 어르신들은 처음엔 달가워하진 않으셨어요. 외부에서 누군가 찾아오고 카메라로 촬영도 하는 것이 낯설고 불편하실 수 있었지요. 다행히 자녀 되시는 분이 저를 알아봐 주시고 '강연하는 사람이다, 재미있는 사람이다'라고 소개해 마음을 열어주셨습니다.

농가 할아버지는 저를 따로 불러 보여주고 싶은 곳이 있다고 하셨습니다. 저는 좋은 배밭이 있나 보다 생각하고 따라갔습니다. 그런데 할아버지가 저를 데리고 간 곳은 만든 지 얼마 안 된, 배나무들도 아직 자리를 잡지 못한 밭이었습니다.

"할아버지, 이제 막 새로 만든 밭인가 보네요. 이 묘목은 새로 심은 것처럼 보이는데, 얼마나 시간이 흘러야 수확을 할 수 있나요?"

할아버지는 설명해주셨습니다.

"묘목을 심고 2년이 있으면 첫 열매가 나오는데, 그 열매는 다 따서 버려요. 안 따면 나무에 힘이 안 가."

새로 자라나는 나무가 뿌리를 내리려면 시간이 필요한데 열매가 조그맣게 맺히기 시작할 때 그대로 내버려두면 상품 가치가 있는 배가 나오지도 않고, 나무가 힘이 없어지기 때문에 그때 맺히는 열매들은 다 잘라서 버린다는 거죠. 그렇게 5년이 지나고 7년이 되어서야 첫 수확을 할 수 있다고 합니다. 할아버지가 저를 데리고 간 밭에서 상품성 있는 배를 수확하기 위해서는 7년의 시간을 기다려야 했던 것이지요. 할아버지는 마치 7년 후에 맺힐 열매들이 눈앞에 그려지는 듯, 제 눈에는 앙상해 보이는 배밭을 흐뭇한 표정으로 바라보셨습니다.

그때, 제 안에 있던 조급한 마음이 보였습니다.

'나에게 명확한 꿈이 생겼는데, 얼른 돈 벌어서 시간도 사야 하고, 세상에 조금이라도 유익한 일을 어서 해야 하는데….'

이렇게 성급하게 굴던 제 마음이 보이기 시작했습니다.

새로 시작한 유통이라는 일을 하나의 나무라고 생각한다면, 저는 나무를 심자마자 바로 열매를 거두려는 어리석은 마음으로 일을 하고 있던 것이었습니다. '내가 그렇게 정성껏 심었는데 왜 열매들이 딱딱 맞춰서 열리지 않는 거지?' 하는 마음이었습니다. 최소한 2년은 기다려야 작은 첫 열매가 열리고, 심지어 그때 열리는 열매조차 잘라서 버려야 하는데 말이죠. 우리에게는 당장 맺히는 작은 열매가 중요한 게 아니었습니다. 나무가 힘 있게 자리 잡는 시간이 필요한 것이었습니다.

당신도 지금 작은 나무를 심었을 수 있습니다. 취업이라는 묘목을 심었을 수도, 결혼이라는 묘목을 심었을 수도, 자녀교육이라는 묘목을 심었을 수도, 사업이라는 묘목을 심었을 수도 있습니다. 조급해하지 말고 1년, 2년은 작은 열매가 생긴다고 하더라도 다 따서 버릴 수 있는 담대함과 지혜를 발휘하십시오. 조급함도, 작은 성취에 취함도 없이, 지금 우리에겐 묵묵함이 필요합니다. 대신 우리의 일에, 우리 마음의 나무에 힘을 주는 일을 합시다. 그리고 5년, 7년이 지나 탐스러운 열매가 삶에 맺히게 되면 그때 달고 귀한 열매를 맛보자고요.

제가 농사를 짓는 것은 아니지만 농사를 지으며 평생을 살아오신 분들의 한두 마디에 참으로 많은 것을 배우고 느낍니다. 1년 365일 자연의 흐름과 순리에 맞게 살아가는 분들의 내공을 감히 제가 따라갈 수 없으니, 그 배움을 잘 녹여 전달하는 것이 제 역할이라는 생각이 다시금 듭니다.

★

제철을 기다리는 마음

농수산물 공동구매를 시작하면서 자연스레 식재료에 관심이 많아졌습니다. 이 과일은 후숙을 해야 맛있는지, 이 채소는 데쳐 먹어야 좋은지 생으로 먹어야 좋은지, 맛이 가장 잘 든 제철이 언제인지 알게 되었습니다. 농사를 짓는 분들, 유통을 하시는 분들의 이야기를 들으며 귀한 업계 비밀도 배워볼 수 있었습니다.

농산물을 가장 맛있게 먹는 방법은 두말할 것도 없이 제철에 먹는 것입니다. 신선하고 영양분도 많고 맛도 좋고 값도 싸지요. 하지만 청과물 업계의 진정한 대목은 명절입니다. 추석이 다가오면 시장과 마트에 사과, 배 선물 세트가 포장 진열되어 있고 샤인머스캣, 망고, 한라봉 등 큼직큼직한 과일들이 근사하게 포장되어 있습니다. 우리는 대체로 그렇게 비싼 과일은 자신을 위해 사지 않고,

명절 선물용으로, 제사상에 올리기 위한 제수용으로 구매합니다.

겉으로 봤을 때는 알도 굵고 먹음직스럽지만, 사과와 배의 제철은 추석이 아닙니다. 추석보다 한 달 정도 지나야 과일 본연의 제 맛이 알차게 듭니다. 일찍 성장시키고 수확한 과일들이 명절 대목을 앞두고 시장에 그득합니다. 제 아무리 크고 맛있어 보인다 해도 절기에 맞춰 자란 과일보다 낫기는 어렵습니다.

가장 맛있는 과일을 먹기 위해서는 제철을 기다려야 한다는 사실은 누구나 알고 있습니다. 하지만 수요가 많을 때 더 빠르게, 더 많이 팔기 위해 온전한 향과 맛이 들기도 전에 서둘러 수확하기도 합니다. 이런 농수산물 시장의 메커니즘을 보면서 뭐든 빨리빨리, 일찍일찍 하려는 대한민국 사회와 다르지 않다는 생각을 했습니다.

우리는 나의 때가 오지 않았는데, 나만의 고유한 향과 맛이 들지 않았는데 남들이 정해준 시기에 맞춰 살아갑니다. 대부분 그렇지요. 어릴 때부터 선행학습, 조기교육 등 남들보다 무조건 일찍 시작하면 좋다는 인식으로 아이를 가르칩니다. 아이가 다른 아이들보다 말이 조금 느리거나 배움이 뒤처지는 것 같으면 부모는 초조해하고 조급해합니다.

사람마다 속도가 다르고, 성장하는 아이는 더더욱 자신만의 속도가 있지만, 그것은 무시된 채 나이에 맞춰, 학년에 맞춰, 사회가 요구하는 성적에 맞춰 아이를 키웁니다. 뭐든지 뒤늦게 트이는 아이가 있고, 무엇을 시작하는 데 오래 걸리는 아이도 있지만, 똑같은 속도로 움직여주길 원합니다.

성인이 되어서도 마찬가지입니다. 인생 전체를 놓고 보면 1, 2년이 그리 긴 시간이 아닌데도 재수를 하거나 삼수를 하면 남들보다 늦었다고 생각합니다. 시간이 지나 되돌아보면 그 1, 2년은 정말 'nothing', 아무것도 아닙니다. 그러나 그 당시에는 'everything', 삶의 모든 것처럼 느낍니다. 주변의 시선도 그러하고, 스스로도 인생에서 패배자가 된 느낌에 사로잡힙니다. 이제 겨우 이십 대 초반임에도 불구하고요. 삼십 대가 되면 결혼에 대한 압박이 시작됩니다. 때를 놓치면, 더 늦어지면 마치 큰일이라도 날 것처럼 이야기합니다. 대학에 들어갈 나이, 결혼할 나이, 취직할 나이, 집 장만할 나이, 자동차 살 나이, 마치 정답 같은 시기가 있는 것처럼 다그치고, 그 시기를 놓치면 뒤처지는 것처럼 말합니다.

사람에게는 해방이 있고 독립이 있습니다. 어린 나이에서 해방이 되었다고 해서 다 독립하는 것은 아닙니다. 해방은 되었지만 스스로 서지 못하면 독립한 것이 아닙니다.

자기만의 속도가 있고
자기만의 타이밍이 있고
자기만의 적기가 있습니다.

대목에 팔리는 과일을 부러워하지 마십시오. 내가 가진 고유한

특성들이 단단하고 알차게 익을 때까지 기다리십시오. 절대적인 시간이란 없습니다. 각 개인마다 본인의 적기가 있어요. 이래라저래라 하는 주변 이야기에 휩쓸리다 보면 이 맛도 저 맛도 아닌 상태가 됩니다. 남들이 정해놓은 시간에 따라 살면 마음은 편할지도 모릅니다. 아주 잠시는요. 그러나 내가 내 삶의 시간을 주도적으로 꾸려가지 않으면 불안과 초조함 속에서 살아야 합니다. 자기만의 적기, 자기만의 자연스러운 시기에 맞춰 살아야 합니다. 자신이 감나무인지 배나무인지 사과나무인지 알고, 언제 제철을 맞이하는지 알아야 합니다. 명절 대목이라고 성장촉진제 맞고 서둘러 성장해 성급하게 시장에 나오지 마십시오. 과일도 사람도 자연스럽게 맛이 드는 때, 나의 시기에 맞춰 살아야 합니다. 누구나 자기만의 때가 있습니다.

★

당신은 무엇을 지키며 살고 있나요?

한번은 수입 콩에 맞서서 우리 토종 콩을 지키기 위해 모든 것을 쏟아 고군분투하는 사장님을 만난 적이 있습니다. 남들은 그렇게 사업하다간 1년 안에 망한다며 말리기도 했고, 때론 조롱하고 비난하기도 했지만 그냥 이 일을 해야겠다는 생각밖에 없었다고 합니다. 이런 분들이 세상의 빛과 소금과 같은 역할을 한다고 생각합니다.

강의를 막 시작했을 때 생각이 났습니다. 돈을 벌고 싶어서 시작했던 것이 아니고, 제가 해봐서 좋아졌던 것, 제가 알게 된 좋은 것들을 세상에 나누고 싶은 마음이었습니다. 순수했습니다.

'강의해서 돈 버는 건 적합하지 않아. 순수하게 해야지.'

이렇게 생각했습니다. 처음에 시간당 2만 원을 받고 두 시간 정도 강의를 하면, 강의가 끝나고 참석자들과 더 속 깊은 이야기를 나누느라 받은 강의료를 전부 쓰곤 했습니다. 이후 강의료가 올라갔을 때는 마음이 무거웠습니다. 지금 생각해보면 당연한 노동의 대가를 제가 자연스럽게 받아들이지 못했던 것 같아요.

지금은 바뀌었습니다.

'그래, 순수한 건 지켜내자. 그런데 순진한 것과 순수한 것은 다르다.'

순진은 순수하지만 그것 외에는 아무것도 모르는 것이고, 순수는 마음을 지키면서 지혜로운 것입니다. 순수하고 열정적이고 투쟁 정신이 있는 분들이 잘돼야 합니다. 그런 분들이 잘되어야만이 젊은이들이 보고 '나도 저렇게 살고 싶다'는 귀감의 대상으로 삼을 수 있습니다. 신념으로만 살다가 인생이 잘 풀리지 않으면 '저렇게 살고 싶기는 하지만 저렇게 살면 나도 망하겠구나'라는 반쪽 희망이 됩니다.

언젠가는 저 또한 어디든 찾아가 무료로 강연할 수 있기를 바라지만 지금은 책임질 것들을 책임지며, 하고 싶은 일과 해야 하는 일들 사이에서 균형을 잡고자 노력하는 제 자신에게 고맙습니다.

토종 콩을 지켜내고자 한 신념처럼, 사람에게는 각기 다른 지키고 싶은 신념이 있습니다. 종교적 신념일 수도, 도덕적 신념일 수도, 삶의 가치관일 수도 있습니다.

삶이 내 마음을 찾아와 두드리는
노크 소리가 있습니다. 삶이 부르는 소리.

저는 그 소리가 고등학교 1학년 때 찾아왔습니다. 아름다움과 즐거움으로 사람들에게 감동을 주고 변화를 이끌어내고 싶다는 소리였습니다. 나이 50이 되어 지나온 삶을 돌아보니, 삐걱대고 먼 길로 돌아가고 때론 실패하기도 했지만 그 소리를 놓치지 않고 살아왔던 것 같습니다.

내면의 소리를 들었다고 해서 사람들이 반드시 그것에 자기 삶의 주사위를 던지지는 않습니다. 왜냐하면 동시에 '환경의 소리'도 들리거든요. 환경의 소리는 주로 왜 안 되는지에 대해 들려줍니다. 귓가에 대고 또렷한 목소리로 '너희 집은 가난하잖아', '애가 벌써 둘인데 무슨 소리야', '너가 지금까지 해온 일이랑 다르잖아', '지금 나이가 몇인데' 등등 굉장히 구체적이고 다양한 이유를 찾아 말합니다.

환경의 소리는 크고 동시다발적으로 들려옵니다. 마치 시골 마을에서 개가 한 마리 짖기 시작하면 옆집 개도 짖고 앞집 개도 짖고 동네 모든 개들이 다 같이 짖기 시작하는 것처럼요. 그렇게 하나가 짖고 또 하나가 짖기 시작하면, 내 삶을 부르는 내면의 소리는 점점 작아집니다.

저는 이렇게 생각합니다. '성공하는 것만 중요한 것이 아니다. 내 마음을 찾아온 소리에 내가 죽을 만큼 응답해봤다는 말을 나 자신에게 듣는 것이 중요하다'라고요. 그렇지 않으면 나중에 70, 80세가 되어 조용한 시간이 찾아왔을 때, 젊은 시절 찾아왔던 그 소리가 다시 와 이렇게 말할 것만 같았습니다.

"내가 네 마음에 노크를 했는데, 왜 그렇게 안 살았니?"

그러면 저는 이렇게 핑계를 댈 것 같았어요.

"살려고 했는데 환경의 소리가 너무 커서 그렇게 살지 못했다."

그러면 다시 그 소리가 제게 마지막으로 이렇게 말할 것 같았습니다.

"나는 너에게 성공하라고 말한 적이 없다. 그저 내가 너의 마음에 노크한 것에 대해 반응하고, 응답하고, 실험하라고 말했지, 너에게 성공하라고 말한 적이 없다. 그런데 왜 너는 자꾸 열심히 살았다는 말로 비겁하게 산 너의 삶을 변명하고 포장하려고 하느냐. 넌 성공했고, 돈이 많아졌고, 유명해졌고, 영향력이 생겼고, 높은 자리에 올랐지만 널 찾아간 소리에 대해서는 비겁하게 산 것이다."

이런 소리를 들으면 눈을 못 감고 죽을 것 같았습니다. 남들 보기에는 성공했을 수도 있지만 사실 중요한 것은 내가 나 자신을 어떻게 생각하느냐니까요. 결혼, 돈, 대학, 취업, 승진 모두 중요하지만, 가장 중요한 것은 바로 나 자신입니다. 그러니 여러분도 내면의 소리가 들려올 때 환경의 소리가 너무 크다고 두려워하지 마시고,

꼭 그 소리에 응답해보시길 바랍니다.

순수, 가치, 신념, 소신, 믿음…. 내면의 소리를 듣고 지켜낸 분들이 잘되길 간절히 바랍니다. 어렵다는 것 알고 있습니다. 하지만 다음 세대에게 순수를 지켜내면서도 잘 살 수 있고 돈도 벌 수 있는 세상이 왔다고, 당신도 배턴을 이어받아 이걸 한번 해보라고 추천할 수 있는 그런 롤모델이 많아졌으면 좋겠습니다. 초석들이 쌓여 사회 전체가 조금씩 건강해졌으면 합니다. 내면의 소리를 듣고도 잘 살 수 있다고, 나만의 길을 가도 괜찮다고, 성공과 용기의 표본이 많아졌으면 좋겠습니다. 큰 욕심이지만 저도 그런 사람이 되고 싶습니다. 진심으로 우리의 성공을 바랍니다.

Proposal

환경의 소리에는 법칙이 있습니다. 많은 경우 주변에서 나를 잘 아는 사람, 내가 사랑하는 사람, 가까운 사람들이 현실을 일러줍니다. 제 경우 처음 농수산물 유통을 하려고 할 때 가까운 지인들이 지금까지 강연을 하며 쌓아온 이미지가 있는데 괜한 일을 하는 것이 아니냐, 해보지도 않은 일인데 할 수 있겠느냐며 걱정과 염려, 잘되길 바라는 마음으로 만류했습니다. 나를 모르는 사람이 아니고 나를 잘 아는 사람들이 지지와 응원이 아닌 환경의 소리를 말하면, 힘들어지기 마련입니다. 나를 모르는 사람도 아니고, 잘 아는 사람들이니까요. '맞아, 그래. 이게 되겠어? 내가 할 수 있겠어?' 하며 내면의 소리가 점점 작아집니다.

그런데 다른 사람들이 "김창옥, 너가 잘될 것 같아? 경험도 없잖아?"라고 하더라도 내가 나에게 그렇게 말하지 않는다면, 환경의 소리는 지나가는 자동차 바퀴 소리처럼 사라집니다. 내가 나에게 그런 이야기를 하지 않는다면 말입니다. 하지만 내가 환경의 소리와 똑같은 이야기를 스스로에게 말하면, 그때는 비로소 진정한 울림이 되어 완벽한 소리를 만들어냅니다. 외적인 소리와 내적인 소리가 하나되어 소리가 증폭되는 하울링이 됩니다.

환경의 소리가 아닌 내면의 소리의 볼륨을 높이는 몇 가지 방법이 있습니다. 삶이 나를 부르는 소리, 하늘이 나를 부르는 소리, 내 안에서 나를 부르는 소리가 구체적이고 명확해지려면 '반응'해야 합니다. 반응하면 점점 소리가 더 커지고 또렷해집니다. 반응의 좋은 예는 '만남'입니다. 지식과의 만남, 사람과의 만남, 책과의 만남, 좋은 콘텐츠와의 만남. 양질의 만남을 경험할 때 만남과 내 안의 소리가 점차 주파수를 맞춰 더 명확한 소리를 냅니다.

또 하나의 방법은 고요해지는 것입니다. 고요해지면 더 작은 소리가 들립니다. 모든 외부의 소리로부터 떨어져 고요의 시간을 가질 때 우리를 부르는 작은 소리를 감지할 수 있습니다. 그리고 다시 감지된 소리에 반응해보는 것입니다.

'아무것도 하지 않으면
아무 일도 일어나지 않습니다.'

이 명언을 새기십시오. 저는 여러분이 나를 부르는 소리에 반응해보는 삶, 살아 있는 것처럼 살아보시길 추천합니다.

★

두려워하면서 하라

유튜브 채널 〈김창옥TV〉를 계획하고 시작하기까지 오랜 시간이 걸렸습니다. 20년 가까이 강연 일을 하면서 내 이름을 건 프로그램을 해보고 싶다는 마음을 내고, 결심을 하고, 준비를 하고, 진짜 시작하기까지 꽤 오랜 시간이 걸린 것이지요. 계획을 해도 자꾸만 일정보다 늦어졌습니다. 완성도를 높이는 의도도 있었지만 늦춰지고 미뤄지는 경우 대부분은 유쾌한 이유가 아닐 때가 많았습니다. 그래서 더 불안하고 초조했습니다.

"내가 정말 이걸 잘할 수 있을까? 도대체 시작이나 할 수 있을까?"

마음먹고 애쓴다고 다 이루어지지는 않습니다. 여러분은 여러분이 뜻하는 대로 인생이 이루어졌나요?

저는 그동안 사람들이 판을 만들어놓으면 그 위에 서서 제가 잘할 수 있는 이야기만 하면 됐습니다. 분주하게 움직이며 준비해주는 스텝과 촬영팀이 있었습니다. 저는 아티스트처럼 잘할 수 있는 분야에만 집중하면 됐습니다. 하지만 〈김창옥TV〉를 한다는 것은 모든 안전망으로부터 독립한다는 뜻이고, 제가 관리자 역할부터 아티스트 역할까지 해야 한다는 의미였습니다. 모든 것은 저의 책임이고 저의 결정에 의해 움직여야 했습니다. 계속 망설였습니다. 정말 하고는 싶지만 나에게 그런 능력이 부족하다는 것을 알고 있었고, 해본 적도 없으니 두렵고 귀찮고 못 하겠고, 그러다 보니 하고 싶던 일이 하기 싫어지고, 그렇게 시간만 흘러갔습니다.

누구나 좋은 안전망 안에 놓인 먹이를 먹으며 살다 어느 날 갑자기 야생으로 나가 직접 사냥을 해야 하는 시기가 찾아올 수 있습니다. 부모로부터 독립하는 사람, 회사를 옮기려는 사람, 은퇴한 사람, 월급을 받다 자기 사업을 하려는 사람, 이민을 가려는 사람, 다시 한국으로 돌아와서 정착하려는 사람…. 세상에는 온갖 다양한 신세계가 존재합니다.

내가 과연 할 수 있을까?

나 이런 거 안 해봤는데….

제 마음속을 차지하고 있는 것은 새로운 일을 준비하는 설렘이 아니었습니다. 두려움이 90퍼센트를 차지하고 있었습니다.

두려우면 우린, 어떻게 해야 할까요? 저는 첫째로 이 생각을 해 보았습니다.

"도대체 뭐가 두렵지?"

"왜 두려운 거지? 무엇 때문에 내 마음이 이렇게 두려운 거야?"

답은 생각보다 간단했습니다. 성공하고 싶었습니다. 20년간 하던 일을 발판 삼아 드디어 내 이름을 걸고 하는 일이니까 남들이 보기에 정말 멋지게 성공하고 싶었던 것입니다. 그러면서 이미 잘되고 있는 분들을 찾아보고, 힘을 받는 대신 주눅부터 들었습니다. 잘하고 싶고, 잘되고 싶었습니다. 나와 비슷한 일을 하는 사람들과 차별성을 지니고 보란 듯이 성공하고 싶었습니다. 그 마음이 제가 하는 일의 동력이 되어주는 것이 아니라 두려움의 불꽃에 장작이 되어주고 있다는 사실을 알게 되었습니다.

성악을 배울 때 교수님께서 해주신 말씀이 기억났습니다. 혼자 시골에서 올라와 제대로 된 레슨 한번 받아본 적 없는 제가 서울에서 예중, 예고 엘리트 코스를 받은 아이들보다 잘하고 싶어서, 지기 싫어서 힘을 잔뜩 주고 노래를 부르던 시절이었습니다. 제 노래를 들으며 교수님은 말씀하셨습니다.

"작게 하려고 해, 작게. 크게 하려고 하지 마. 그러면 힘이 들어가. 힘이 들어가면 울림이 아니라 외침이나 함성이야. 지금 당장은 커 보여도 멀리 못 가. 아름답지도 않아."

'작게, 작게 하라.'

제 마음이 자꾸 크게 하려고 하니 힘이 들어갔던 것입니다. 크게 하려고 하고 멋지게 하려고 하니 두려움에 잠식된 것입니다. 두려워서 못 하고 힘이 들어가서 실수를 합니다. 실수하면 자책을 하고 자책을 하다 보면 그나마 있던 자신감마저 완전히 사라집니다. 못할 것 같고, 애초에 시작하면 안 되는 일이었던 것 같고, 지금이라도 다 때려치우고 싶어집니다.

실수하면서 하려고 하는 게 더 좋습니다. 실수하면서 배울 생각을 하고, 작게 하려고 하십시오. 그러다 보면 나와 딱 맞는 지점을 발견할 수 있습니다.

지금 무언가를 시작하려고 하는데 저처럼 두려운 분이 계신다면 이 말씀을 꼭 드리고 싶습니다. 그동안 누군가 보호해주는 안전망 안에만 있다 보니 내 본래 실력을 발휘하지 못한 것일 수 있습니다. 세상에는 여전히 사냥할 물고기들이 많습니다.

> "두려워하면서 하라, 크게 하려고 하지 마라,
> 완벽하게 하려고 하지 마라, 작게 시작하라,
> 실수하면서 하라."

힘들지만 두려울 때 두려워하면서 해야 합니다. 두렵지 않고 어떤 일을 하는 것을 기대하지 마십시오. 두렵다고 시도도 안 하고 시도했다 금세 그만두지 마십시오. 두려워하면서 하십시오.

두려움에도 하다 보면 두려움이 사그라집니다. 빛과 어둠이 공존하다 빛이 조금씩 번지고 확장합니다. 두렵지 않을 순 없으나 두려움을 조금씩 사라지게 하기 위해서 크게 하려고 하지 마십시오. 완벽하게 하려고 하지 마십시오. 작게 시작하십시오. 실수하면서 나아가십시오. 그러다 보면 안전망과 바람막이 속에 있을 때는 미처 몰랐던 것들을 알아가기 시작할 것입니다.

우리 모두 두려워하면서도 계속했으면 좋겠습니다.

Proposal

세상에 당연한 것은 없습니다. 당연하다고 생각하는 순간, 세상이 하나도 고맙지 않습니다. 아무리 많은 것을 누리고 있고 아무리 많은 것을 소유하고 운영하고 움직일 수 있는 힘이 있다 해도, 고마움이 없는 삶은 행복이 없는 삶입니다.

우리는 소유와 위치, 영향력으로 행복한 것이 아니라
고마움을 느끼는 정도만큼 행복합니다.

당연하다고 생각하는 순간 아무것도 고맙지 않습니다. 직장도, 가족도, 건강도, 우리에게 주어진 외적인 것, 내적인 것, 보이는 것, 보이지 않는 것, 그 모든 것에요.
제가 저 자신에게 바라는 건, 어떤 일을 한 번, 두 번, 세 번…, 반복해도 고마움을 느낄 수 있는 마음을 지니고 살아가는 것입니다. 지금 내가 누리는 것들이 당연하지 않다는 것을 알 때, 고마움을 느낄 때, 그때 비로소 진정한 행복에 가닿을 수 있습니다.

★

하지 마세요, 좌절

바람이 부는 밭, 보롬왓. 제주의 보롬왓은 제 마음의 쉼터입니다. 청보리, 메밀, 튤립, 유채, 맨드라미, 수국, 라벤더가 계절에 따라 피고 지는 아름다운 밭입니다. 많은 사람들의 발걸음이 닿는 이곳을 잰 손으로 가꾸고 돌보는 사람들이 있습니다. 수천수만 송이의 꽃을 피우기 위해 이들의 노력은 사계절 쉬지 않고 이어집니다.

세계적으로 감염병이 확산되던 시기, 이곳은 큰 결단을 내려야 했습니다. 관광객이 모이지 않게 하기 위해 드넓은 밭에 피어난 튤립을 뽑아내야 했던 것이지요. 정말 어려운 결정이었을 것입니다. 전국의 많은 꽃 축제의 꽃들이 그렇게 갈아엎어졌습니다.

그해는 유독 봄비가 거세게 내렸습니다. 제주의 매서운 바람에 꽃들이 피자마자 우수수 잎들을 떨어뜨렸습니다. 색색으로 아름답게 피어난 꽃들이 비바람에 꺾였고, 코로나에 꺾였습니다.

이 꽃을 피우기 위해 숱한 노동과 돈이 들어갔기에 농가에도 무척이나 큰 피해가 있었을 것입니다. 비닐하우스가 아닌 노지에서 자란 꽃들은 여러 변수를 만납니다. 평년보다 가물거나 홍수가 날 때도 있고 추위가 일찍 찾아올 때도 있습니다.

사람도 마찬가지입니다.

왜 이렇게 내 인생에는 비바람이 몰아칠까?

왜 내 인생은 순탄하지 않을까?

내 꽃은 이제 막 피어나려고 하는데,

왜 자꾸 외부 환경에 의해 꺾이고야 마는 것일까?

강연 일을 시작했을 때, 생각보다 일이 잘 풀려 나갔습니다. 개인 레슨도 들어오고, 학원에 소속되어 강의도 했습니다. 안정적인 직업이 생긴 건가 안도하던 차에 임금이 제대로 들어오지 않았다는 것을 알게 되었습니다. 처음 계약보다 훨씬 적은 액수의 돈을 받게 되었고, 그래서 그 일들을 다 정리했습니다. 불안감이 찾아왔습니다. 유일한 밥벌이였던 시립합창단까지 그만두고 이 직업을 선택한 것이었는데 길마다 순탄하지 않았습니다. 그런데 다행히 또 다른 일이 들어왔습니다. 유명한 리더십 센터의 원장과 강사들을 레슨하게 되었습니다. 강의를 업으로 하는 분들을 레슨하게 되었다는 사실에 엄청난 자부심이 생겨났습니다. 이제 내 인생에도 순풍이 부려나 보다 생각할 때쯤 자격증이 없다는 이유로 잘리게 되었습니다. 다행히 또 한 번의 행운이 찾아왔습니다. 한 대학원 언론정보학과 교수를 상대로 레슨을 하게 되었습니다. 학생이 아니라 무려 교수들을 레슨한다는 사실에 다시 한 번 어깨가 으쓱거렸습니다. 그런데 대학원장이 찾아와서는 제가 학위가 없다는 이유로 수업을 할 수 없다는 이야기를 전했습니다. 또 잘렸습니다.

꽃이 피려고 하면 바람이 불어서 잎이 떨어지고, 따뜻한 햇빛을 쬐려고 하면 비가 몰아쳤습니다. 꽃이 툭 하고 꺾이는 것처럼 제 기운도 꺾여갔습니다. '난 안 되는구나'라는 생각에 무언가에 다시 도전하기가 망설여졌습니다. 우연히 한 문장을 남자 화장실에서 마주치기 전까지요.

고속도로 휴게소, 대학, 교회, 회사의 화장실에 좋은 문구 한두 문장씩 붙어 있는 걸 보신 적 있으실 거예요. 그때 제 눈에 들어온 한 문장이 저를 좌절 속에서 빠져나오게 해주었습니다.

"한 대도 안 맞고 이길 수 없다."

어느 권투선수가 어떻게 한 대도 안 맞고 경기에서 이길 수 있을까요? 어느 축구선수가 공을 한 번도 뺏기지 않고 앞으로만 계속 달릴 수 있을까요? 저는 한 대도 맞지 않고 권투에서 이기려는 마음을 가진 사람이었고, 공을 단 한 번도 놓치지 않고 골을 넣어보려는 사람이었습니다. 그때 마주한 문장이 저를 다시 일어나게 했습니다.

열심히 꽃을 피우던 과정이 성과로 연결되고 그로 인해 돈까지 벌게 되면 정말 좋은 일이겠죠. 남들이 인정해주고 박수도 쳐준다면 얼마나 좋을까요. 하지만 외부 환경으로 꽃이 꺾이고, 결국 아무도 모르는 일이 된다고 해도, 꽃을 피우기 위해 스스로 자양분을 공급했던 과정까지 사라지지는 않습니다. 간절히 무언가를 위해 애썼던 흔적들은 우리 몸과 마음에 남아 쉽게 사라지지 않습니다. 그러니 한 송이의 꽃이 피자마자 꺾여버렸다 해도 너무 좌절하지 마십시오. 꽃을 피우기 위해 부단히 노력했던 사실만큼은 남습니다. 그 애씀으로 또 다른 꽃을 피울 수 있는 단단한 힘이 당신 안에 이미 생겼습니다.

Proposal

제주 태풍에 보롬왓 맨드라미가 전부 쓰러졌을 때, 관리하시는 분이 꽃들을 일일이 세우고 있기에 저도 팔 걷어붙이고 나섰습니다. 그분이 꽃도 세우는 원리가 있다고 하시더라고요.

바람에 식물 뿌리가 드러나면 서서히 말라 죽는다고 합니다. 방치하면 그대로 죽는 거죠. 그렇다고 억지로 힘을 줘서 꽃을 세워도 죽는다고 해요. 뿌리가 일부 드러났더라도 아직 땅 속에 남아 있기 때문에 자칫 잘못했다가는 중간에 끊어져 버리게 됩니다. 꽃의 뿌리는 원체 약해 강한 힘을 견딜 수 없다고 해요. 그럴 때는 조그마한 돌로 꽃이 살짝 기댈 수 있도록 지지해주고 드러난 뿌리는 흙으로 살포시 눌러주어야 꽃이 다시 살아난다고 합니다.

살다가 태풍이 몰아쳐 우리의 뿌리가 드러났을 때도 같습니다. 사실 태풍이 없고 고통이 없었으면 좋겠습니다. 부디 안 아팠으면 좋겠고요. 솔직하고 간절한 제 마음입니다. 그렇지만 삶이 이미 그럴 수 없다는 것을 저도 알고, 여러분도 알고 있습니다.

그럴 때 누군가 강력한 힘으로 우리를 일으키려고 하면 우리는 영영 일어나지 못할지도 모릅니다. 조그마한 도움, 살며시 기댈 수 있고 받쳐줄 수 있는 작은 돌멩이와 같은 누군가가 있을 때, 그가 곁에서 부드러운 흙으로 우리의 상처를 가만히 덮어줄 때 우리는 다시 뿌리내릴 수 있습니다. 넘어졌다면, 도움의 손길을 요청하고 받아들여 보세요. 그리고 누군가 넘어졌을 때 내게 힘이 있다면 가만히 기댈 어깨가 되어주고 상처를 부드럽게 보듬어주세요. 삶은 거창한 것이 아니라 서로의 기댈 작은 언덕이 되어주는 것, 이런 것이 아닐까 싶습니다.

★

정말 좋아하는지 확인하는 방법

예전에 한 교수님께서 저에게 이런 질문을 던지셨습니다.

"김 선생님은 어떤 사람인 줄 알아요?"

저는 잘 모르겠다고 답했습니다. 그랬더니 이렇게 말씀을 해주시더군요.

"사람들 안에 있는 것을 언어화해주는 사람이에요."

강연을 듣거나, 책을 읽거나, 누군가의 이야기를 들으며 고개를 끄덕이면서 좋다고 느낄 때가 있습니다. 그건 좋은 말이어서가 아니라, 이미 우리 안에 있었던 생각이 언어화되어 나타났기 때문입니다. 그래서 고개를 끄덕이며 공감하고 경청합니다. 마찬가지로 보고 느끼는 경험은 우리 안에 숨겨진 다양한 언어를 만나게 해주는 계기입니다.

최근 제 안에 안개처럼 희미했던 어느 감정을 마치 단단한 얼음 조각처럼 선명하게 만들어준 한 분이 계십니다. 파인아트도 하고, 공예품도 만들고, 오브제도 만드는 선생님입니다. 그분의 작품을 보고는 제 안에 있던 배움의 열정에 불이 켜졌습니다. 그렇다고 무작정 "선생님 밑에서 공예를 배우고 싶습니다"라고 말하기에는 망설여졌습니다. 선생님은 이미 활동하는 분야에서 내로라하는 명인이셨고, 저도 제 일들이 있기 때문에 어려운 부분이 많았습니다. 현실적으로 제가 온전한 문하생이 될 수 없었고, 선생님께서 가르치는 곳에서도 체계가 있을 테니 무리한 부탁을 차마 드릴 수 없었지요. 그럼에도 자주 연락을 드리며 마음을 전했고, 선생님의 배려로 배움을 얻을 수 있게 되었습니다.

코로나로 강연 일이 끊겼을 때 일주일에 두 번 아침 9시부터 저녁 8시까지, 그리고 틈이 날 때마다 선생님을 찾아가 작업을 하기 시작했습니다. 선생님 작업에 공통적으로 많이 쓰이는 재료가 바로 옻입니다. 옻칠을 하면 물건에 내구성과 아름다움이 더해집니다. 작품마다 옻칠을 해야 했는데, 옻은 유익한 동시에 독성을 가지고 있습니다. 체질에 맞지 않으면 온몸에 옻이 올라 두드러기처럼 피부염이 생깁니다.

저는 옻이 두렵지 않았습니다. 왠지 옻이 오를 것 같지 않았습니다. 너무 해보고 싶었던 일을 드디어 본격적으로 배울 수 있다는 기대감에 장갑도 끼지 않고, 토시도 끼지 않고, 소매를 걷어붙이고 옻칠을 했습니다. 어떻게 됐을까요? 보기 좋게 옻이 올랐습니다. 태어나서 이렇게 심한 두드러기는 처음이었습니다. 몇 주를 간지러움에 시달리다 약을 바르고 좀 괜찮아졌습니다. 아무리 그 일을 사랑한다고 해서 옻이 오르지 않는 것은 아니었습니다. 그래도 약을 먹고 바르면 되니까 옻 오르는 문제는 전혀 두렵거나 겁나는 일이 아니었습니다. 몸은 좀 고생스럽더라도 배움을 멈추고 싶다는 생각은 들지 않았습니다. 무언가를 간절히 원하고 소망하고 사랑하면, 그에 따르는 피땀 어린 노력과 고생은 아무것도 아닌 것이 되기도 합니다.

당신에게도 옻이 올라도 상관없을 만큼,
위험을 마땅히 무릅쓸 만큼
하고 싶었던 일이 있나요?

제 인생에 가장 큰 후회는 미국으로 유학을 가지 않았던 것입니다. 뉴욕대학교에 교육연극을 공부하러 가고 싶었어요. 그 학교를 나온 선생님께서 추천서도 써주겠다고 하셨죠. 그런데 뉴욕대는 학비가 비싸기로 소문난 곳이었고, 학교 근처에서 집을 구해 살려면 최소 1년에 1억이 든다고 하더군요. 몇 년을 체류하게 될지 알 수도 없는데 그렇게 큰 돈을 마련할 형편이 아니었습니다. 불가능의 영역이었습니다. 영어 실력도 짧았고, 미국에 갈 엄두가 도무지나지 않았습니다.

저는 돈이 없고 영어도 못해서 유학을 가지 못했다고 생각했습니다. 하지만 시간이 지나 보니 그게 아니었습니다. 돈과 언어의 두려움을 이겨낼 만큼 유학에 대한 강력한 사랑이 없었습니다. 몇 년 전 뉴욕에 강연을 초청받아 갔을 때, 자유의 여신상이 보고 싶었던 것도 아니고, 유명 관광지에 가고 싶었던 것도 아니고, 뉴욕 대학교를 꼭 한번 가보고 싶었습니다. 일정을 모두 마치고 도착한 그곳은 제가 상상했던 것보다 훨씬 크고 멋졌습니다. 센트럴 파크 옆에 쭉 늘어선 학교 건물들을 거닐며 '만약 내가 이 학교를 다녔다면 어땠을까?' 상상해보게 되더군요. 두꺼운 영어서적을 끼고서, 학교 이름이 크게 박힌 후드티를 입고 자유롭게 캠퍼스를 누비는 저를요.

돈이 없고 영어를 못했던 상황이 아쉬운 게 아니라, 제 사랑이 모자라 미국까지 오려는 두려움을 이기지 못했다는 사실이 더 아쉬웠습니다. 과거의 제가 두려움에 부딪힐 마음이 있었다면, 옻이 온몸에 오르더라도 한번 해보겠다는 마음이 있었다면, 미국에서 식당 일을 하거나, 아주 허름한 방에서 지내거나, 4년 다닐 학교를 10년 다니겠다는 마음으로 공부를 해도 됐었을 것입니다. 그런데 당시의 저는 험난한 고생길에 뛰어들 만큼 배움에 대한 사랑이 부족했습니다.

정말 좋아하고 사랑하는 일을 해도 위기와 고난이 닥쳐옵니다. 옻이 오르는 것처럼요. 사랑해서 힘들지 않고 아프지 않은 게 아니라, 그럼에도 불구하고 계속 해나가려는 선택이 더 중요한 것 같습니다.

다치고 아프게 될 거라는 걸 알아도 가보고 싶은 세계가 여러분에게는 있나요? 그럼에도 불구하고, 대가를 치를 각오가 되어 있는 일이 있나요? 그런 일을 인생에서 한 번쯤은 꼭 만나보시길 바라겠습니다. 유학 같은 큰 도전만을 말하는 것이 아닙니다. 바쁘다는 이유로 지금 하지 못하고 있는 일들을 한번 떠올려보세요. '작은 취미' 정도로 생각하는 일들도 나 자신을 찾아가는 길이 될 수 있습니다. 어떤 내일이 펼쳐질지는 아무도 모르는 거거든요. 인생이 뜻대로 펼쳐지지 않았기에 저는 지금 감히 상상하지 못했던 삶을 살고 있습니다.

> 여러분이 어느 나이대에 머물고 계시든,
> 앞날이 창창한 청년이든, 노을을 닮아가는 중년이든,
> 생의 마지막을 겸허히 기다리시는 분들이든
> 좋아서, 설레서 하는 일을 꼭 품고 사시기를 바랍니다.

규모나 농도는 모두 제각기일지 몰라도, 진심만은 모두 같은 일을 만나며 사시길 바랍니다.

★

당신의 결혼과 일이 행복하지 않은 이유가 있다

제가 중년의 나이가 되면서 인생에 중요한 두 가지 문구가 새겨졌습니다.

'결혼은 안 해도 사랑은 해봐라.'

'직업과 직장은 없어도 자신의 길은 가져라.'

결혼보다 본질적인 것은 사랑이고, 직장보다 본질적인 것은 자신의 길입니다.

결혼과 직장이 인생 최고의 목표가 되는 경우를 자주 봤습니다. 적성과 맞지 않지만 남들이 보기에 근사한 직장에 들어가거나, 확신은 없지만 나이가 차서 떠밀리듯 결혼을 하는 상황을 종종 봅니다. 사랑 없는 결혼은 불행이고, 나의 길이 아닌데 업으로 삼으면 고통이 따르는 것은 자명한 이치입니다. 오래 가기 어렵습니다. 결국 인생에 있어 가장 중요하고 필요한 것은 사랑, 그리고 나의 길이지 않을까 싶습니다. 정말 사랑하는 나만의 길을 찾는 것, 이것이야말로 행복한 인생입니다.

좋아하는 일을 만나면 나타나는 특징이 몇 가지가 있습니다. 첫 번째로 집중합니다. 두 번째는 반복합니다. 세 번째는 그 대상이 없는 곳에서도 그것에 대해 생각을 합니다. 그럼 그 일을 좋아한다고 말할 수 있어요. 쉽게 설명하면 백화점에서 마음에 드는 옷을 발견했어요. 주변의 다른 옷들은 안 보이고 그 옷에만 집중하게 됩니다. 이 가게 저 가게 둘러보지만 결국엔 그 옷이 있는 곳으로 반복해서 발걸음이 돌아가죠. 결국 사지 않고 집에 돌아오면 계속해서 눈앞에 아른거리고 생각이 납니다. 집중하고, 반복하고, 계속 생각이 나는 것. 사람이든 일이든, 그것이 당신의 좋아하는 감정을 쏟을 수 있는 대상인 것입니다.

제가 요즘 가장 많은 감정을 쏟아붓는 일은 앞에서도 소개했던 공예품을 만드는 일입니다. 견습생으로 일하는 요즘, 몸은 힘들지만 그 어느 때보다 즐겁고 행복합니다. 나무와 동을 사용해서 그릇이나 공예품을 만드는 작업을 하는데 망치로 모양을 잡고, 빗살무늬 같은 무늬를 내고, 사포질을 하고, 옻을 칠합니다. 그리고 또 사포질하고, 옻칠하는 과정을 계속 반복합니다. 작업이 없는 날에도 어떤 모양의 그릇을 만들까 생각나곤 합니다.

누군가 저에게 돈도 되지 않는 힘든 일을 왜 그렇게 열심히 하느냐고 물었습니다. 우리는 힘든지, 힘들지 않은지를 일의 중요한 기준으로 세우는 것 같습니다. 그런데 힘들지 않은 일이 있던가요? 일은 좋아하면서 힘든 일, 좋아하지 않으면서 힘든 일 두 가지로 나뉘는 것 같습니다. 힘든 건 똑같아요. 좋아하면서 힘든 일은 시간이 가는 줄도 모를 만큼 집중하게 되고, 그 과정에서 성장하고 발전합니다. 힘든 일을 하다 보면 결국 힘 있는 사람이 되는 것입니다. 좋아하는 일을 하든, 좋아하지 않은 일을 하든 마찬가지입니다. 다만 시간 가는 줄 모를 만큼 푹 빠져서 할 수 있는 나만의 길을 찾아 그 길을 걷는 힘을 기르셨으면 좋겠습니다.

저의 길은 끊임없이 무언가를 배우는 데 있다고 생각합니다. 그 배움으로 얻은 경험들을 다른 사람들과 나누는 길을 걷고 있다고 생각해요. 물론 저는 강사라는 직업을 가지고 있지만, 이 직업이 저의 전부라고 생각하지 않습니다. 코로나 이후로 강연이 줄어들면서 더욱 체감하게 되었습니다. 갑자기 일이 뚝 끊기면서 정년퇴임을 맞은 분들의 삶을 잠시 경험한 것 같습니다.

일이 사라진 상태에 이르니 공허함과 허무함이 찾아왔습니다. 실제로 주변에 정년퇴임 후 우울감에 빠져 무기력하게 지내시는 분들을 많이 봤습니다. 직업이 없더라도, 직장에 다니지 않더라도 자신이 흥미를 느끼고 사랑하는 자기만의 길이 있는 사람은 쉽게 무너지지 않습니다. 버티고 지탱해 또 새로운 길을 개척할 힘을 냅니다.

직업은 나의 삶을 나타내는 수많은 방식 중 하나입니다. 가장 좋은 것은 내 길이 나의 직장이 되고, 직업이 되는 것이겠죠. 그러나 내 길과 내가 실제로 하고 있는 일이 다르더라도 진정으로 사랑하는 나만의 길을 계속 마음에 품고 사는 것이 좋습니다. 훗날 나만의 길이 남아 있는 사람에게는 그 길이 삶을 계속 이어나갈 강력한 원동력이 되어줄 테니까요. 우리 삶에 조금이라도 더 사랑이 있었으면 좋겠습니다.

Proposal

우리의 직업이 우리 자신은 아닙니다. 설령 그 일을 10년을 했든 20년을 했든 전공을 했든 그것을 배우기 위해 돈을 많이 들이고 애를 썼든, 우리가 시간과 노력을 들여서 한 일이지, 그것이 우리 자신은 아니라고 말씀드리고 싶습니다. 우리는 과거에 했던 일이나 현재에 하는 일보다 훨씬 큰 존재입니다. 훨씬 광범위합니다.

사회는 자꾸 우리를 우리가 하는 일로 정의하려 합니다. 그러니 그것이 무너지면 삶이 무너진다고 생각하는 것입니다. 그곳에서 나오면 자신이 너무 휑하게 느껴지는 거예요. 직장에서 나오고 사원증이 없고 유니폼이 없고 소속이 없으면 나도 없다고 여깁니다.

아니에요. 우리는 우리 자신의 이름이 되어야 합니다.

우리 이름은, 곧 우리의 소망입니다. 내가 뭘 원하는지, 무엇에 의미를 찾는지, 무엇에 흥미를 느끼는지, 무엇을 할 때 집중하는지, 내가 무엇에 '그럼에도 불구하고' 대가를 치를 각오가 되어 있는지. 이것이 우리 자신과 가까운 것입니다. 직업이, 일이 나 자신이라는 생각에서 벗어나 진짜 나와 조금 더 가까워지는 사람, 그런 사회가 되었으면 좋겠습니다.

★

삶의 권태기를 지나고 있는 모든 이들에게

인생은 총 세 가지 시기로 나눠볼 수 있습니다. 첫 번째는 열정기, 두 번째는 권태기, 세 번째는 성숙기입니다. 열정기는 말 그대로 열정이 넘쳐흐르는 시기입니다. 뜨겁게 연애를 할 수도, 어떤 취미에 빠져 살 수도, 간절히 취업 준비를 할 수도 있습니다. 사람은 열정기 때 착각을 합니다. 바로 이 열정이 영원히 갈 것이라고요. 사랑이 영원할 것 같고, 직장에 들어가기만 한다면 계속 간절하게 일할 수 있을 거라고 생각합니다.

열정이 깊었던 사람일수록 권태가 짙게 찾아옵니다. 권태라는 말은 '이전에는 의미가 있었는데, 이제는 의미가 없다'는 뜻입니다. 과거에는 가치가 있었는데 지금은 가치를 느끼지 못하겠고, 전에는 재미있었는데 이제는 재미가 없습니다. 예전과 다르게 집중이 안 되고, 시계를 자꾸 봐도 시간은 안 가고, 몸은 그 장소에 있지만 정신은 이미 딴 데 가 있는 것이죠.

제가 한창 열정기에 있을 때는 권태기에 빠져 있는 분들에게 이렇게 이야기하곤 했습니다.

"여러분, 열정도 영원하지 않고 권태도 영원하지 않습니다. 그러니 희망을 가지십시오."

하지만 지나 보니 제가 열정기에 있었기에 할 수 있었던 말이었습니다. 권태기의 소용돌이 안에 제가 직접 들어가니 그 끝이 쉽사리 보이지 않았습니다. 갱년기 증상도 조금씩 나타나기 시작했습니다. 쓸데없는 마음인 걸 알면서도 갱년기라고 인정하는 것이 자존심 상했습니다.

'내가 벌써 이렇게 늙어버렸나?', '아직 소년이라고 생각했는데, 벌써 아저씨가 되어버렸구나'라는 생각에 마음이 깊고 어두운 곳으로 가라앉았습니다. 갱년기와 권태기에 접어들었지만 그것을 마주할 힘도, 해결할 힘도 없었습니다.

삶의 권태기는 형광등 스위치를 켜고 끄듯 한순간에 찾아왔다 한순간에 사라지는 것이 아닙니다. 서서히 밀려오는 밀물처럼 언제 이만큼 물이 찼을까 싶어 허둥지둥 빠져나가려 해도 결국 물에 잠겨버리는 것과 닮아 있었습니다. 2년이 지나고, 3년이 지나고, 4년이 지났을 즈음, 권태기의 끝자락에 서 있다고 느껴졌습니다. 서서히 물들이 밀려 나가며 땅이 보이기 시작했습니다. 어떻게 권태가 끝나가고 있음을 느끼게 되었을까요?

강연을 가면 종종 저에게 이런 질문을 하는 분들이 계십니다. 본인이 겪고 있는 상황을 말씀하신 후 "제가 우울증일까요, 아닐까요? 대체 저는 어떻게 해야 할까요?"라고 물어보시죠. 그럼 제가 꼭 드리는 질문이 있습니다.

"최근에 정말 먹고 싶었던 음식이 있으셨나요?"

무언가 먹고 싶어서 어느 식당을 일부러 찾아갔거나, 줄을 서서 음식을 기다려보았던 경험이 있는지를 물어봅니다. 꼭 음식뿐만이 아닙니다. 보고 싶은 영화가 있는지, 가보고 싶은 공간이 있는지, 만나고 싶은 사람이 있는지, 무언가를 '하고 싶다'라는 마음이 있다면 그저 잠시 분노나 슬픔에 빠져 있는 시기일 거라고 말씀드리곤 합니다. 정말 깊은 우울에 빠져 있다면 원하는 게 사라지거든요. 사고 싶은 것도, 먹고 싶은 것도, 가고 싶은 곳도 없이 멍하니 누워 핸드폰이나 텔레비전만 바라보게 됩니다. 몸을 움직여 하고 싶은 것이 하나도 생각나지 않습니다.

저 역시 꽤 긴 시간 동안 그런 상태로 지내다 문득 '기타를 치고 싶다'라는 마음이 들었어요. 선물로 기타 하나를 받은 적이 있는데 튜닝하는 방법을 몰라 그대로 방치해두고 있었습니다. 언젠가는 기타를 배워서 한 곡 멋들어지게 연주해보겠다는 그다지 간절하지 않은 다짐을 했던 것이죠.

기타를 쳐보고 싶다는 마음이 들 때쯤 운명처럼 SNS에서 하나의 메시지를 받았습니다. 어릴 적 친하게 지냈던 아는 동생에게서 연락이 온 것이었어요. 심지어 제가 지내는 제주 집에서 차로 10분 거리에 살고 있었습니다. 동생을 만나 이야기를 나누다 이 친구가 기타 학원에서 학생들을 가르친 경험이 있다는 사실을 알게 되었습니다. 삶이 나를 돕고 있다는 생각이 들었습니다. 이제 그만 권태기에서 빠져나오라고, 이제는 인생의 성숙기로 가야 할 시간이라고. 저는 원하는 것이 생기고 무언가를 하고 싶다는 마음이 생기면서 천천히 권태의 시기를 지나가고 있습니다.

정말 중요한 것은
'무엇이 되는 것'이 아닌
'내가 원하는 것'이 생기는 것입니다.
그것이 '싶다'입니다.
사람에게 '싶다'가 없으면 사는 게 사는 게 아니에요.

삶의 권태기를 보내고 계시는 분들에게 저는 또 다시 이 시기가 영원하지 않다고 말할 수밖에 없을 것 같습니다. 그러나 그 시기에 조금 오래 머무르셔도 괜찮습니다. 너무 무리해서 당장 움직이려 하지 않으셔도 좋습니다. 권태와 우울의 밀물이 밀려올 때 잠시 웅크리고 있다 보면 썰물이 되어 사라져가는 모습을 분명 보게 될 것입니다. 그때는 혼자 있지 말고 용기를 내서 무언가와의 만남을 가져보십시오. 목공예든 퀼트든, 기타든 하모니카든, 텃밭을 가꾸는 일이든 산에 오르는 것이든, 아니면 인스타그램이든 유튜브를 해보시든…. 그 무엇 하나를 만나고 시도해보십시오. 기타를 치겠다는 저의 아주 작은 다짐처럼 자신이 원하는 것, 하고 싶었던 것들을 하나씩 실천해보는 용기를 내어 부디 그 시기를 잘 넘어가셨으면 좋겠습니다.

Proposal

어느 날 인생이 갑자기 어두워지는 날이 올 수 있습니다. 어두워야만 보이는 것이 있거든요. 극장이 어두워야 영화가 보이고 하늘이 어두워야만 별이 보이는 것처럼요. 어떤 의미로는 멋진 영화, 아름다운 별을 볼 수 있는 찬스일지도 모릅니다.

어둠이 찾아왔을 때 빛을 밝힐 수 있는 방법이 있습니다. 깜깜한 극장을 밝게 할 수 있는 방법은 바로 눈을 감는 것입니다. 역설이잖아요. 우리는 무언가를 보려고 할수록 눈을 떠야 한다고 생각합니다. 어두운 극장에 들어가서 눈을 감고 몇 초 있다가 눈을 뜨면 눈의 조리개가 더 열려서 똑같은 빛으로도 내가 지나갈 정도의 길은 보이게 됩니다. '이 아이를 어떻게 양육하지?', '이 사태를 어떻게 극복하지', '이 사람과의 인간관계를 어디서부터 풀어야 하지?' 어둠을 해결하려고 눈을 더 크게 뜨면 더 안 보이고 더 피곤하고 더 화가 납니다. 그러니 어두운 시기에 들어갈수록 눈을 감아보십시오. 마음의 조리개가 열려서 우리가 갈 만한 길이 보일 것입니다. 마음의 눈을 잠시 감고 어려운 시기에 접어든 자신을 토닥여주세요. 이내 길을 안내해줄 것입니다.

★

트라우마를 마주하고 이겨내고 싶다면

우리는 '캐릭터'라는 단어를 종종 사용합니다. 사람을 볼 때 "그 사람은 이런 캐릭터야", "그 사람 캐릭터로는 그런 말을 할 것 같지 않은데?" 등등. 연기를 하는 배우가 특히 자주 사용하지요. 배우가 드라마나 영화 제작발표회에서 이렇게 말하는 경우를 보신 적 있으실 거예요.

"제가 이번에 맡은 캐릭터는 이전과는 전혀 다른 캐릭터로, 보시는 분들에게 새롭게 다가가리라는 생각이 들어요."

예를 들어 늘 형사를 맡던 배우가 악당 역할로 등장한다든가, 부잣집 도련님 역할을 하던 배우가 돈 없는 취준생 역할을 맡는다든가 하는 경우죠.

캐릭터. 사전적 의미로는 '소설이나 연극 따위에 등장하는 인물.

또는 작품 내용 속에서 드러나는 인물의 개성과 이미지'입니다. 이 말을 제 식으로 해석해보자면 '항상 비슷한 유형으로 반응을 보이는 방식'이라고 부르고 싶어요.

캐릭터는 우리 내면의 깊은 곳에 숨어 있어서 평상시에는 잘 드러나지 않습니다. 살다가 무언가 중요한 결정을 내려야 할 때 등장하거나, 일이 잘 풀리지 않거나 벽에 부딪친 듯한 위기가 찾아올 때 나타납니다. 비슷한 반응, 나만의 고유한 반응을 보입니다. 어떠한 순간이 닥쳤을 때 매번 도망을 가려고 한다든지, 자꾸 거짓말을 한다든지, 핑계를 댄다든지, 화를 낸다든지 특정한 방식으로 대응하려 합니다. 같은 유형을 반복하다 보면 나의 캐릭터가 만들어집니다.

수십 년을 저로 살다 보니 이제는 제 캐릭터를 알 것 같습니다. 강의가 잘 안 풀리거나, 사업이 잘 안 되고, 인간관계에서 어려운 문제가 생겼을 때, 그래서 내 뜻대로 되지 않을 때 저는 외면하거나 숨는 캐릭터를 가지고 있습니다. 언제까지요? 그 문제가 사라질 때까지요. 문제의 근원으로 가서 해결하려 하기보다, 못 본 척 다른 곳으로 가버립니다. 하지만 시간이 흘러도 문제는 사라지지 않고 조용히 다시 찾아옵니다. 이런 캐릭터를 가지게 된 이유를 생각해보면 결국 과거로 돌아가게 됩니다.

어렸을 적, 아버지가 술을 먹고 들어오면 집 안이 난장판이 되는 경우가 많았습니다. 큰 다툼의 전조증상이 느껴지면 어머니는 늘

막둥이인 저한테만 얼른 나가라고 하셨습니다. 한 살 위 누나도 집에 있는데 저만 도망치게 된 것이죠. 그때의 엄마를 생각하면 죄송한 마음밖에는 없습니다. 홑겹 바람으로 급하게 뛰쳐나와 학교 운동장 구석진 곳이나 공사판에서 쪼그리고 앉아 오들오들 떨고는 했습니다. 해는 떨어지고 날은 점점 추워져서 얼른 집으로 돌아가고 싶어도 어떤 광경을 보게 될지도 모른다는 불안감에 숨어 있을 수밖에 없었습니다. 시간이 지나 아버지가 잠들면 누나가 저를 찾으러 왔습니다. 그때 누나가 "창옥아, 많이 추웠지. 무서웠겠다. 이제 집에 가자"라고 말해주길 바랐지만, 누나는 이렇게 소리쳤습니다.

"야! 너 왜 도망가? 네가 남잔데 엄마를 지켜줘야 하는 거 아니야? 너는 겁쟁이야. 빨리 들어와!"

누나를 원망하진 않았습니다. 누나의 비난에 속상해하기보다 누나 말이 다 옳다고 생각했어요. 울면서 누나 뒤를 따라가는 동안 '난 겁쟁이고, 엄마를 지켜주지 못했다'는 자책감을 떨쳐버리지 못했습니다. 이런 반복적인 경험이 제 캐릭터를 만들어버린 것 같습니다. 문제가 터지면 해결하려 하기보다 도망치고 외면하는 방식이 나이를 먹고도 변하지 않는, 제 캐릭터가 되어버린 것이죠.

쇠사슬에 묶여 자란 코끼리는 몸집이 커져 그 쇠사슬을 부숴버릴 수 있는 힘이 생겨도 그럴 생각을 하지 못한다고 합니다. 심지어 사슬을 풀어주어도 계속 같은 곳을 맴돕니다. 자유와 성장을 구속하는 족쇄를 벗어날 수 있음에도 오랜 관성으로 인해 새로운 선택과 반응을 보일 시도조차 하지 않게 됩니다. 과거의 패턴대로만 살게 되는 것입니다.

저는 이제 쇠사슬에 묶인 코끼리처럼 살고 싶지 않습니다.
한 발짝 두 발짝 나아가고 싶어요.

마음속 어두운 곳에서 잔뜩 웅크리고 숨어 있는 어린 저를 찾아가 말해주고 싶습니다. 더 이상 도망치지 않아도 괜찮다고, 숨어 있지 않아도 괜찮다고, 이제 그곳에서 빠져나와도 괜찮다고요. 그동안 두려워서, 아파서, 제대로 마주해보지도 못하고 도망가기 바빴던 저에게도 지금은 작은 의지가 생겼습니다. 문제를 마주하고 해결해보려는 약간의 의지가요. 혹시 저처럼 끊어내고 싶은 반복적으로 드러나는 캐릭터가 있다면 기억하십시오. 삶의 시간은 그리 길지 않고, 우리에게 남은 시간은 소중합니다. 그리고 당신은 당신이 생각한 것보다 강한 사람입니다.

남들에게 보이지 않는 것,

.... 나만 아는 것을

나를 위해 조금씩 챙기는 것,

그것이 자기 사랑의 시작입니다.

3

나만의 호흡

★

멀리 가려면 함께 가라

제주에 벚꽃 잎이 흩날릴 때쯤이면 사람들이 분주해집니다. 벚꽃이 지는 4월에서 5월 사이에 내리는 비를 '고사리 장마'라고 하는데요. 이 짧은 장마가 지나가고 나면 고사리가 쑥쑥 자랍니다. 이 시기의 고사리는 맛도 좋고 가격도 꽤 나가서 어르신들이 아주 바빠지시죠.

저는 원래 고사리를 좋아하지 않았습니다. 고사리는 제사 지내는 날 상에 올라가는 맛없는 나물이라는 편견이 있었습니다. 제주에서 지내며 고사리의 참맛을 알게 되었습니다. 그런 음식들이 있죠, 나이가 들면서 맛을 알게 되는 음식. 고사리의 맛을 알게 되고 생애 처음으로 고사리를 꺾으러 길을 나서게 되었습니다. 고사리는 딴다고 하지 않아요. 꺾는다고 하지요. 어린 고사리의 밑동을 똑 하고 꺾는 것이지요.

제가 사는 제주도 중산간 오름지대는 고사리철이 되면 유독 많은 사람들이 몰려옵니다. 길가에 차들이 빼곡히 차 있곤 해요. 다들 숲속에 들어가 고사리 꺾기에 여념이 없습니다. 저도 해보니 비가 온 뒤 제주 고사리들은 억세지 않아 손으로 똑똑 꺾는 맛이 좋더군요. 허리 한 번 펴지 않고 여기저기 고사리를 찾아 다녔습니다. 초보 채집가인 저는 한참을 찾았는데도 한 줌 정도밖에 꺾지 못했습니다. 고사리는 햇볕이 들지 않는 음지에서 자라기 때문에 저 같이 손에 익지 않은 사람은 쉽게 발견하기 어렵습니다. 고사리 명당은 딸에게도 알려주지 않는다는 말이 있어요. 저 빼고 다른 할머니, 할아버지들은 고사리 명당을 어쩌면 그렇게도 잘 찾으시는지 한 보따리씩 꺾어 나오시더라고요.

고사리를 꺾을 때 꼭 주의해야 할 점이 있습니다. 고사리철이 되면 매해 나오는 기사가 있는데요. 바로 길을 잃는 실종 사고 기사입니다. 고사리철 실종 신고가 매년 평균 50~60건 정도 발생합니다. 발을 헛디뎌 절벽으로 추락하거나 저체온증으로 사망하는 경우도 있습니다.

처음에는 이해가 되지 않았습니다. 고사리를 꺾다 왜 위험한 상황까지 가는지. 하지만 설명을 들으니 상황을 알 수 있었습니다. 고사리를 꺾는 작업은 무조건 두 명 이상 함께 다녀야 하는데, 작업에 몰입하다 보면 더 깊고 어두운 수풀 속으로 혼자 들어가게 됩니다. 아무도 가지 않은 곳에 더 많은 고사리가 있을 거라는 생각에 수풀을 헤치며 고사리를 꺾게 되죠. 숨어 있는 고사리를 발견하는 재미도 있고 욕심도 생기니 점점 깊이 들어가다 결국 길을 잃게 됩니다. 중간중간 굽혔던 허리를 펴고 주위를 살펴 내 위치를 파악하고 동료가 어디쯤에 있는지 확인도 해야 하는데 나만의 명당을 찾느라 다른 것에는 신경을 쓰지 못합니다.

아프리카 속담 중에 "빨리 가려면 혼자 가고, 멀리 가려면 함께 가라"라는 말이 있습니다. 고사리를 꺾으며 속담을 되뇌었습니다. 한 줌밖에 못 꺾더라도 너무 욕심내지 말자고요. 그리고 절대 혼자 가지 않겠다고요. 동시에 제가 지금껏 살아온 삶의 태도가 허리 한 번 펴지 않고 고사리를 꺾는 삶과 크게 다르지 않았다는 사실을 깨닫게 되었습니다.

강사로 일을 시작했을 때, 다른 이들보다 조금 더 빠른 성과를 냈습니다. 물 들어올 때 노 젓는다는 마음, 메뚜기도 한철이라는 불안감으로 정말 정신없이 일했습니다.

'언제까지 너를 찾아줄 것 같아? 찾아줄 때 무조건 가. 거절은 없어. 너에게 안 맞아? 그럼 네가 맞춰!'

이렇게 자신을 몰아치면서 일했습니다. 일감이 많은 나만의 명당자리를 찾기 위해 주변을 돌아보지도 않았습니다. 속도가 빨라졌고, 모든 걸 혼자 해결했습니다.

시간이 흘러 주변을 둘러보니 곁에 남은 사람이 없었습니다. 이렇게 가다가는 아무도 없는 곳에 고립될 것 같은 위험을 반복해서 느끼기도 했습니다.

그때 저는 욕심을 부리고 있었습니다. 돈도 벌고 일도 잘되니 재미도 있었습니다. 성공도 하고 싶었습니다. 그래서 사람들이 많이 모이는 햇빛 쏟아지는 곳이 아닌, 수풀 우거진 곳 사이를 헤치고 혼자 들어갔습니다. 그런 곳을 계속 찾아다녔습니다. 고사리 명당을 찾아 사람들이 안 가는 곳까지 혼자 들어가 많이 꺾고 싶었습니다. 고사리 꺾는 재미에만 빠진 것이지요. 곧 닥칠 위험도 모른 채 말입니다.

저에게는 일 욕심이었지만, 누군가에는 강한 사명감일 수도 있고, 누군가에게는 강한 열정과 신념, 책임감일 수도 있습니다. 사업이든 공부든, 자녀교육이든 인생에서 뭔가 계속 꺾고 싶은 것이 생기면, 중간중간 일어나서 허리를 펴고 주변을 살펴야 하는데 계속 허리를 굽히고 열중합니다. 자신이 어디에 있는지, 다른 사람들은 지금 어디서 무엇을 하고 있는지 알지 못한 채 말이지요.

삶은 결국 무언가를 꺾는 과정인 것 같습니다. 나의 재능을 발견하는 재미, 일을 하는 재미, 돈을 버는 재미, 사람을 만나는 재미, 각종 재미들을 꺾어 하나둘 차곡차곡 모아가는 것이죠. 하지만 허리를 굽혀가며 내 삶에 무언가를 수확하는 과정에서 꼭 주의해야 할 점이 있습니다.

'네가 꺾는 고사리가 과연 너의 생명을 위협해도 될 만큼 가치가 있니?'라고 스스로에게 물어보십시오.

지금 당신이 꺾는 고사리가 무엇인지 한번 찬찬히 생각해보십시오. 그리고 정말 그 고사리를 많이 꺾어야겠다는 판단이 내려지면, 지금 내가 서 있는 위치를 계속해서 확인하고 주위를 돌아보십시오. 마지막으로 행운이 찾아와 남들은 모르는 명당을 발견했을 땐 혼자서 가지 말고 주변 사람들과 함께 가십시오. 그렇게 함께 기쁨을 나누십시오.

★

참아야 할 때와 참지 말아야 할 때

조금은 바보 같은 이야기입니다. 2년 전, 디스크 수술을 한 후 허리 재활운동에 신경을 많이 쓰고 있습니다. 필라테스도 해봤고 퍼스널트레이닝도 받아봤지만 제 일정이 워낙 들쑥날쑥인지라 운동 선생님들과 시간을 맞추기가 쉽지 않았습니다. 어디서든 혼자 할 수 있는 운동이 뭐가 있을까 알아보다 문 사이에 기다란 봉을 끼우기만 하면 할 수 있는 턱걸이를 시작했습니다. 나름대로 운동을 해왔으니 열 개 정도는 할 수 있지 않을까 하며 처음 시도해봤을 때, 겨우 네 개를 했습니다. 아무리 애를 써도 그 이상은 어려웠습니다. 허리에 무리가 가지 않는 선에서 조금씩 개수를 늘리자는 다짐으로 매일매일 운동했습니다. 몸은 참 정직합니다. 시간이 지나자 열 개를 할 수 있게 되고, 스무 개를 할 수 있게 되었습니다.

마침내 아침에 스물다섯 개, 저녁에 스물다섯 개를 해서 하루에 총 50개를 채우는 습관이 만들어졌습니다.

그런데 문제가 발생했습니다. 허리가 아니라 오른쪽 팔에 신호가 오더라고요. 휴대폰을 볼 때도, 운전을 할 때도, 모든 일상생활의 동작에 온 신경이 오른팔에 갔습니다. 2주, 3주, 한 달이 지나도록 신경이 쓰이고 아팠지만 병원에 가지 않았습니다. 왜 안 갔냐고 물으신다면, '그냥 안 갔다'가 대답이 될 것 같습니다. 귀찮기도 했고, 일정이 바쁘기도 했고, 게으르기도 했고, 시간이 지나면 낫겠지 생각한 것도 있고, 누군가의 말처럼 아직 덜 아파서 안 간 것도 있습니다.

일상생활에서 불편함을 느끼니 몸 전체 컨디션도 떨어졌습니다. 아픈 팔로 턱걸이도 무식하게 계속했습니다. 그러다 도저히 견디지 못하고 약국에서 파스를 사다 붙였습니다. 그런데 허무하게도 파스를 두세 번 정도 붙였더니 팔이 꽤 나아버린 것입니다. 고작 파스 몇 장에 통증이 이렇게나 좋아질 수 있는데, 지금까지 파스 붙일 생각도 안 했던 것이죠.

만약 제 아이가, 부모님이, 친구가 아프다는 사실을 알았더라면 저는 어떻게 했을까요? 물어물어 좋은 약을 찾고, 진료를 잘 보는 병원에 데려가고, 오지랖 넓게 부리며 사랑하는 이의 고통이 하루 빨리 사라지도록 누구보다 발 빠르게 움직였을 것입니다.

그때 궁금해졌습니다.

'나는 왜 이렇게 나에게 쓸데없는 고통을 받게 했을까?'

'나는 왜 이렇게 나에게만 각박하고 애정이 없을까?'

내가 아플 땐 병원에서 치료를 받고 운동 방법을 바꾸고 팔을 낫게 할 생각은 하지 않고, 아픔을 참으려고만 했습니다. 여러분도 이런 경험 있으실 것입니다. 몸의 통증뿐 아니라 굳이 참지 않아도 되는, 반복해서 겪지 않아도 되는 고통을 뭉개고 앉아 있는 것이지요. 찾아온 고통을 없애기 위해 치료도 하고 도움도 받아야 하는데 우리는 기어이 고통을 껴안고 가져가려 합니다. 고통은 인간관계일 수도 있고, 생업에 관련된 일일 수도 있고, 잊지 못하는 기억일 수도 있습니다. 상황을 개선하거나 정리하지 못하고 질질 끌려다니게 됩니다.

물론, 반대의 경우도 있습니다. 작은 일이나 자극에도 참지 못하는 사람들도 있습니다. 부부관계든, 친구관계든, 연인관계든, 사회에서 만나는 인간관계든, 사업이든, 일이든, 심지어 자기 자신과의 관계에서든 어느 정도 참고 견뎌야 다음 단계로 넘어갈 수 있는데, 그 순간을 견디지 못하는 경우가 왕왕 있습니다. 불편하면 바로 관계를 끝내고, 조금만 힘들어도 나와 안 맞는다고 생각하고 그만두고, 조금만 싫증나도 금세 다른 것으로 바꿔버리는 것이죠. 고통이 찾아올 때마다 탭을 치며 링 밖으로 나간다고 모든 문제가 다 해결될까요? 우리가 어떤 능력이나 내공을 쌓게 된 것을 가만히 돌이켜 보면, 힘든 고비를 참거나 견디면서 그것을 반복해서 해냈을 때 성장한 것을 알 수 있습니다.

제 이야기로 돌아가 보자면, 코로나로 사람들 앞에서 강연을 하는 일은 사라지고, 카메라를 앞에 두고 혼자 말하는 상황만이 남게 되었습니다. 사람들과 눈을 맞추며 내 이야기를 어떻게 듣고 있는지 확인할 수 없이 혼자 이야기해야 하니 너무 어색하고 답답했습니다. 나 혼자 아무도 봐주지 않을 쇼를 하고 있는 것 같기도 했습니다. 쉽게 지쳤고 쉽게 에너지가 소모됐습니다. 내 진심을 사람들 앞에서 전하고 싶지 카메라라는 딱딱한 기계를 바라보며 전달하고 싶지는 않았습니다.

그럼에도 견뎌보았습니다. 참았고, 견뎠고, 버텼습니다. 카메라 뒤에 제가 좋아하는 사진들을 걸어놓기도 하고, 사람들이 앞에 있다는 상상을 끊임없이 했습니다. 시간이 지나 조금씩 적응이 되었고, 제법 카메라와 눈도 잘 맞출 수 있게 되었습니다. 그 어색하고 불편한 시간을 견뎌준 저 자신에게 고마웠습니다. 혼자서 강연했던 경험을 토대로 유튜브와 SNS에서 사람들과 어떻게 하면 좀 더 적극적으로 소통할 수 있는지를 배우기도 했습니다. 또 다른 소통의 방식을 익히게 된 것이죠.

'죽을 만큼 아픈 것도 아닌데 참자'라며 미련하게 견디는 것도 문제가 되지만, 조금만 힘들어도 그만두고, 조금만 아파도 포기하는 태도 역시 나의 성장을 가로막는 걸림돌이 될 수 있습니다.

당신은 어느 쪽이신가요?

쓸데없는 고통을 참지 마십시오. 그러나 아주 작은 아픔도 참지 못하고 계속해서 떠도는 삶도 살지 마십시오. 때론 인생에서 다음 장면으로 넘어가야 할 때가 우리에게 찾아옵니다. 그 과정의 일환으로 고난이 따라옵니다. 그땐, 참고 견디고 버텨보십시오. 현명한 당신은 참아야 할 때 참지 말아야 할 때를 점점 더 명확히 알게 될 것입니다.

Proposal

가장 멋진 여행은 자기 자신을 찾아가는 여행입니다.

자기 자신을 찾아가는 여행은 다름 아닌,

자신의 과거, 현재가 아닐까요?

미래는 다음 장면이니까요.

우리가 어떤 행동을 반복한다면,

내가 자꾸 특정한 방식으로 문제에 대응한다면,

그래서 그것이 결국 또 다른 문제를 불러일으킨다면

한 번쯤 생각해봤으면 좋겠어요.

나는 과거와 현재, 어떤 일을 반복해서 겪었지?

그리고 거기에 대해서 나는 어떻게 반응하고

어떤 태도를 보이고 있지?

그것이 우리의 미래를 낳는 아주 중요한 요소 중 하나입니다.

과거로부터 자유로워지고, 조금 더 성숙하길 바랍니다.

★

당신, 나랑 참 안 맞아

저는 옷을 좋아합니다. 언제부터 관심이 생겼나 생각해보니 중학교 2학년 즈음 같아요. 그때부터 엄마가 사주는 옷은 입지 않았습니다. 다른 친구 엄마들은 학교에 올 때 투피스 양장 같은 걸 입고 오는데 우리 엄마만 고무줄 바지를 입고 오는 것이 창피했습니다. 우리 엄마는 다른 엄마들보다 나이도 많고 촌스럽다고 생각하다 보니 사춘기 시절부터는 엄마가 입혀주는 옷을 입지 않았습니다.

무대에 오르고 사람들 앞에 서는 일을 하면서 슈트를 입을 일이 많아졌습니다. 처음에는 브랜드 옷을 샀습니다. 그때는 옷을 사기보다는 브랜드 그 자체를 사고 싶었던 것 같습니다. '내가 이 브랜드를 입는다'는 마음이었죠. 옷도 그렇고 구두도 그랬습니다. 그러다 맞춤옷을 알게 되었습니다. 신체 사이즈를 꼼꼼하게 측정해 옷을 맞춰서 입어봤는데 몸에 딱 맞고 편안했습니다. 강연하면서 제스처를 취해야 할 때가 많은데 맞춤옷을 입으니 움직임도 좀 더 자연스러워졌습니다. 그래서 그때부터 슈트는 거의 맞춰 입었습니다. 제 몸에 딱 맞는 옷을 입은 것이지요.

몸에 딱 맞는 옷을 입으면 무대 위에서 핏이 좋아 보이고 제스처를 취할 때도 편했지만 일상생활을 하기에 적합한 옷은 아니었습니다. 몸에 딱 붙는 옷이 편하게 느껴지는 것은 한계가 있습니다. 문득, 양복이 아닌 한복을 입어보고 싶다는 생각이 들었습니다. 두루마기를 입고 강연을 해볼까 생각할 즈음 신기하게도 한복 짓는 선생님과 인연이 닿았습니다. 선생님께서는 제 강연을 듣고 저와 제 어머니의 한복을 지어주고 싶다고 하셨습니다. 선생님은 한복에 대해 설명해주시며 말씀하셨습니다.

"김 선생, 서양의 옷은 입체고 우리 전통의 옷은 평면이에요."

맞춤 슈트는 몸에 딱 맞춰 입체적으로 찍어낸 듯 만들어낸 옷이라는 이야기였습니다. 그 옷을 입기 위해서는 몸을 옷에 맞는 사이즈로 유지해야 합니다. 살이 찌거나 빠져서 몸이 변하면 귀하게 맞춘 옷을 입지 못하게 되는 것이지요.

사람들은 흔히 말합니다.

난 이 직장하고 안 맞아.

난 이 사람하고 안 맞아.

하지만 생각해보세요. 잠시 잠깐은 맞았잖아요. 그 연인과 잠깐은 맞아서 만난 것이잖아요. 그 직장에 들어가고 싶어서 열심히 일하겠다고 면접을 보면서 말했잖아요. 그 친구하고 너무 잘 맞아서 급속도로 친해졌잖아요. 그러다 어느 날부터 안 맞다고 느끼게 된 거잖아요. 그렇게 우리는 결혼도 안 맞고 직장도 안 맞고 대한민국도 안 맞고, 부모하고도 안 맞고 정말 친했던 친구하고도 안 맞게 됩니다.

저는 이것이 마치 옷과도 같다는 생각이 들었습니다. 전에는 정말 잘 맞던 옷이 내가 조금이라도 변하는 순간 안 맞게 됩니다. 한복 선생님께서 한복은 아주 큰 포용력을 가진 옷이라고 말씀해주셨습니다. 한복은 여유분이 많은 평면적인 옷이라고요. 그 이야기를 듣다 보니 깨닫게 되었습니다.

'아, 내가 참 빡빡하게 살았구나.'

제 옷에는 시접이 없었습니다. 시접은 옷 솔기 가운데로 접혀서 속으로 들어간 여유 부분을 말합니다. 저는 맞춤옷이 마음에 든 이후로 슈트는 물론이고 일상복, 심지어 추리닝도 시접 없이 제 몸에 딱 맞춰 수선을 해 입었습니다. 사람들은 그런 옷을 입은 저에게 맵시가 좋다고 말해주었고, 저는 그것이 자랑스러울 때가 있었습니다. 하지만 부질없지요. 몇 해 전에 맞춘 그 옷들은 이제 거의 대부분 제 몸에 맞지 않습니다.

'이건 옷 문제가 아니구나. 내가 이렇게 살아왔구나. 아주 작은

여백도 없었구나.'

삶에는 변수라는 것이 생기기 마련인데 저는 시접 없는 삶을 살았습니다. 함께 일하는 사람들에게도 빡빡하게 굴었습니다. 실수를 하면 품어주지 못하고 바로 지적했고, 결국 사람들이 일을 자주 그만두거나 제 곁을 떠났습니다. 0.5센티미터의 여유도 제게 없었기 때문입니다. 내 생각, 내 기준 밖으로 나간 사람들을 불편해했고 상대방도 그런 저를 어려워하거나 불편해했습니다.

저 자신에게도 가혹했습니다. 매몰찼습니다. 그렇게 발전하고 성장했습니다.

저는 이제 조금은, 시접이 여유로운 사람,
한복 같은 사람이 되려고 합니다.

내 기준에 딱 맞는 사람만 받아들이고, 그 선 밖에 있는 사람은 설령 그것이 나 자신이라고 해도 매몰차게 구는 일은 이제 그만하려고 합니다. 자존심에 날을 세우고 완벽함을 꿈꾸던 부질없는 일도 그만하고자 합니다.

폼은 조금 덜 날 수 있습니다. 맵씨가 덜 날 수도 있습니다. 느슨하게 보일 수도 있습니다. 하지만 제 자신에게, 제 삶 안에 여백과 여유가 들어설 공간을 내어줄까 합니다. 이제 그렇게 살고 싶습니다.

Proposal

발레에는 여러 직군이 있습니다. 군무를 하는 사람, 솔리스트를 하는 사람, 프리마돈나를 하는 사람…. 그중 발레의 극상 단계는 남자 무용수와 함께 춤을 추는 프리마돈나라고 해요. 그걸 아는 순간 저는 살짝 위로가 되었습니다.

결혼은 쉬운 일이 아니에요. 엄청 힘든 거예요. 그런데 우리는 보통 '나이 차면 결혼해야지'라고 생각해요. 그렇지만 결혼을 건강하게 할 수 있는 사람은 솔리스트보다 더 출중한 능력을 갖춰 남녀 무용수가 함께 아름다움을 연출하는 프리마돈나의 단계에 이른 사람이에요. 키와 근육, 연기 스타일 등 서로 모든 면에서 완전히 다르지만 좋은 합을 이루어야 합니다. 이 말은 기본적으로 자기 힘을 통제하고 남을 배려하며 맞출 수 있는 힘이 있어야 한다는 뜻이에요.

그러니 힘든 것이 당연합니다. 발레 직군 중 최상위 단계니까요. 결혼이 어렵다고, 아내와 남편과의 관계가 어렵다고 너무 본인을 자책하거나 자학하지 마세요. 힘든 것이 당연합니다. 나랑 안 맞는 것도 당연해요. 내가 아니잖아요. 다른 존재잖아요. 하물며 나랑 내가 잘 맞기도 어려운 걸요. 당연하다고 생각해버리면 오히려 쉬워져요. 진짜 의지가 있다면 이제부터 노력하면 됩니다.

사랑의 대상을 만나는 것은 그냥 되는 것이 아니라
수많은 시행착오에도 의지를 가지고 노력과 고통을 감내할 때
겨우 가능한 일입니다.

그것을 알아야 합니다. 힘이 없을 때는 시도조차 어렵습니다. 마음에 힘이 조금 생겼을 때 그때 '아, 원래 이 일은 어려운 거야. 당연하니 좌절하지 말자' 하며 조금씩 조금씩 프리마돈나의 길로 나아가보세요. 제가 응원할게요.

★

숨을 잘 쉬는 법

"아버지, 앞으로 뭐 하실 거예요?"

34년간 중학교 미술교사였던 아버지가 정년퇴임을 앞두었을 때 아들은 이렇게 물었습니다. 아버지는 망설이지 않고 대답했습니다.

"다 계획이 있지."

아버지의 계획은 프랑스 파리의 몽마르트르 언덕에 가서 그림을 그리는 것이었습니다. 아들은 아버지의 여정을 카메라에 담습니다. 〈몽마르트 파파〉라는 다큐멘터리 영화입니다. 아버지에게 아들이 이 그림이 팔리겠느냐고 묻자 아버지는 이렇게 말합니다.

"무슨 그림을 팔려고 그리나. 화가는 탁 느낌이 올 때 그걸 그리고 그 세계를 알아주는 사람이 있으면 고맙게 파는 거지. 누가 그림을 팔기 위해서 그리나."

저는 그 아버지의 이야기를 들으며 잠시 멍한 기분에 빠졌습니다. 제가 살아온 삶의 방식은 '어떻게 하면 사람들이 사고 싶어 하는 그림을 그리나'였으니까요. 저는 어떻게 하면 다른 사람들이 좋아할 만한 그림을 그릴 수 있을까 생각하며 살았습니다.

'어떤 말을 해야 사람들이 좋아할까? 어떻게 말해야 사람들이 웃어줄까?'

거기에 더해 아버지는 귀가 안 들리시고 어머니는 글을 몰라 무시당하는 걸 봤던 저로서는, 제가 아는 무언가가 있다면 최대한 친절하게 사람들에게 소개해야 한다고 생각해왔습니다. 강박과도 같은 것이었죠. 사람들이 좋아하고 웃어줄 이야기를 최대한 친절하게 해야 한다는 강박. 내가 그리고 싶은 그림을 그리는 것이 아닌 남이 좋아할 만한 그림을 그리는 사람, 저는 그런 사람이었습니다.

그런 사람들이 있습니다.
내가 좋아하는 그림을 그리는 것이 아닌,
가족과 회사, 주변 사람들이 좋아하는 그림을 그리는 사람,
내가 그리고 싶은 그림은 있지만 참고 숨기면서
남들이 좋아하고 돈을 내고 살 법한 그림을 그리는 사람,
그러다 정말 자신이 무슨 그림을 그리고 싶었는지
영영 잊어버리고 마는 사람.

인생의 계기가 찾아와 이제 진짜로 내가 그리고 싶은 그림을 그리려 해도 막막해집니다. 그런 게 있기나 했던 건지 혼란스럽습니다. 이게 잘 하는 일인가 싶고 나만 아는 이기적인 사람 같고 가족들에게도 미안해집니다.

감정은 과거의 자신이 하던 것을 편안하게 느낍니다. 습관의 영향을 많이 받아요. 새롭고 괜찮은 삶의 방향으로 나아가려고 하면 과거의 방식이 아니니 어색한 감정이 듭니다. 이 단계를 넘지 못하면 다시 옛날의 궤도로 돌아갑니다. 그 과정을 반복하게 되면 희망을 믿지 않게 됩니다. 그러니 그땐 어색함을 넘어가야 해요. 이성과 지성에 기대어봐야 합니다. 지식을 쌓고 책도 읽고 강의도 들으면서, 감정을 믿지 말고 자신의 이성과 지성을 믿고, 원하는 방향으로 어색하지만 계속 해보는 것이지요. 그러다 보면 서서히 변화가 찾아오고, 어느 날 내 그림을 되찾는 지점에 도달할 수 있습니다.

제주에서 물질을 배우다 보니 '숨'에 대한 생각을 많이 합니다. 사람이 숨을 쉬는 것이 고래랑 비슷해 보입니다.

고래의 생은 숨을 참을 때와 숨을 쉴 때로 나뉘는 것 같습니다. 사람 역시 숨을 참을 때 잘 참고, 숨을 쉬어야 할 때 잘 쉬어야지 인생이라는 바다에서 잘 살아낼 수 있습니다. 그런데 어떤 사람들은 참아야 할 때 못 참고 참지 말아야 할 때 참아내고, 그래서 몸과 마음에 병이 찾아옵니다.

직장생활이든 집안일이든 정말로 하고 싶어서 하는 사람이 얼마나 될까요? 해야 하는 일이니 하는 것입니다. 설령 처음엔 하고 싶어서 하기 시작해도 어느 순간 하고 싶지 않을 수 있습니다. 그 사실을 인정하기도 쉽지 않지요. 진심으로 시작한 사람일수록, 자존심이 강한 사람일수록, 사명감과 신념으로 시작한 일일수록 순수성을 잃는 것을 인정하기가 굉장히 어렵습니다. 처음에는 자기가 정말 하고 싶어서 그 일을 했을지도 모릅니다. 그 사람과 꼭 함께 살고 싶어서 살았고. 주변에서 반대해도 꼭 하고 싶어서 그 일을 했습니다. 그런데 이제는 하기 싫은 순간이 찾아옵니다. 꾸역꾸역 참고 해야 할 때가 옵니다. 참아내면서 해냅니다. 그러다 어느 날 삶이 너무나 억울해집니다.

빠른 분들은 삼십 대에 찾아오고 보통 사십 대, 오십 대가 되면 본격적으로 찾아오는 것 같습니다. 삶이 억울해지는 때가요. 지금까지 바다에서 열심히 숨을 참으며 물고기도 잡고 크릴새우도 잡고 그랬지요. 고래니까요. 그런데 이제 숨을 너무 참아서 질식할 것 같은 순간이 옵니다. 바다를 탈출할 수도 없고 더 깊이 들어가면 폐가 쪼그라들어서 오도 가도 못합니다. 그때 나타나는 증상이 공황장애입니다. 이러지도 못하고 저러지도 못하다 호흡곤란의 상태까지 이릅니다. 깊숙한 바다에 들어왔기 때문에 너무 갑자기 물 밖으로 나가면 죽을 수도 있어요. 숨 쉬러 올라오다가, 살려고 올라오다가 죽을 수도 있습니다. 서서히 올라와야 안전합니다. 서서히 올라오는 게 답답할 수도 있고 어색할 순 있지만 우리의 진짜 숨을 쉴 수 있습니다.

그러니 우리는 지금 참아야 할 때인지, 숨을 쉬러 수면 위로 올라가야 할 때인지를 구분하는 지혜를 지녀야 합니다. 숨을 쉬어야 다시 참을 힘이 생깁니다. 숨을 참다가 참다가 또 참다가 질식사하는 것입니다. 가정이라는 바다에서, 직장이라는 바다에서, 세상이라는 바다에서.

지금 숨을 더 참을 수 있는지, 아니면 숨을 쉬러 서서히 올라가야 할 때인지는 자신만이 알 수 있습니다. 너무 오래 숨을 참고 있었다면, 너무 늦지 않게 숨을 쉬기 위해 서서히 올라가십시오. 모든 분들께 숨을 쉬어야 할 때와 참아야 할 때를 구분할 지혜가 생기고 그것을 행할 용기가 생기길 바랍니다.

Proposal

제가 보기에 사람은 물고기보다는 고래 같습니다.

고래는 물에서 살고 있고, 물에서 사냥을 합니다. 하지만 어류는 아닙니다. 물에서 살지만 포유류입니다. 여기서 말하는 '물'은 자본주의 사회를 의미합니다. 우리는 자본주의라는 물 안에서 물질, 돈, 직장 등 우리에게 너무도 필요한 것들을 취하며 살아갑니다. 하지만 우리는 그 안에서 살 수 있는 물고기가 아닙니다. 물 밖으로 나와 자기 숨을 쉬어야 살 수 있는 고래인 것이죠. 자기만의 호흡량에 맞춰서 물 밖으로 나와서 한번 '후!' 해야 살 수 있습니다. 그걸 못 하는 사람은 숨을 제대로 못 쉬고 엄청난 무게의 돌을 가슴 위에 올려놓고 사는 것과 같아집니다.

숨을 쉬어야 합니다. 우리는 바다에 살지만 물고기가 아니라 고래니까요. 고래 숨을 쉬어야 합니다. 돈은 필요하지만 돈으로만 살 수는 없습니다.

숨을 쉬어야 할 때 물 밖으로 숨을 쉬러 나오십시오. 자기만의 숨을 알아야 합니다. 산책을 하든, 바이크를 타든, 혼자만의 시간을 갖든, 말 통하는 친구와 재미있게 수다를 떨든, 혼자 기도를 하든, 요가나 명상을 하든, 여행을 떠나든…. 영혼의 숨은 우리의 생김새가 다 다른 것처럼 다양합니다.

가장 쉬운 방법은 큰 의미가 없더라도 배가 움직일 정도로 한번 크게 웃어보는 것입니다. 웃음도 웃어본 사람이 웃을 줄 압니다. 몸에 웃음의 길이 나지 않은 사람은 남들이 웃을 때도 잘 안 웃어집니다. 웃음은 일차원적인 영혼의 호흡입니다. 나이 먹고도 어린아이처럼 웃을 수 있다는 건 정말 대단한 일입니다. 한번씩 크게 마음의 숨을 쉬어야 또 다시 깊은 바다에 들어가 놀기도 하고 사냥도 하고 그렇게 살 수 있습니다. 고래 숨을 쉬며 생을 건강하게 이어가길 바랍니다.

★

허술하게, 조금 모자라게, 실패해도 괜찮아요

제주에는 담이 많습니다. 바람이 자주 부니 담을 쌓아 거센 바닷바람을 막는 것이지요. 그런데 제주에서 세우는 담은 특별한 점이 있습니다. 시멘트로 벽을 발라 완벽하게 바람을 차단하는 것이 아니라 주변에 흔하게 널려 있는 구멍 숭숭 뚫린 현무암으로 대강 얼기설기 담을 쌓습니다.

그래서 제주 돌담에는 바람의 길이 있습니다. 돌 자체에 있는 구멍과 돌 사이사이의 틈이 바람에게 길을 내어줍니다. 제주는 태풍이 엄청 세게 불어서 제아무리 튼튼한 담이라고 해도 쓰러질 수밖에 없습니다. 그렇지만 이 얼기설기한 돌담은 역설적으로 완벽하지 않아서 강한 바람을 견뎌냅니다. 바람의 길을 따라 강한 힘이 분산되고 오래오래 자리를 지켜냅니다.

바람이 조금 통할 정도의 틈.

저는 그것이 우리 인생에

필요한 틈이라는 생각이 들었습니다.

완벽하지 않은 허술함. 그 허술함 덕분에 거센 바람이 큰 탈 없이 통과되어 삶을 지킵니다. 완벽함을 추구하면서 모든 틈을 시멘트로 다 메워버리면, 태풍이 불 때 와르르 삶이 무너져 내릴지도 모릅니다.

가끔 사람을 보면 이미 달리고 있는 기차에 타서 더 빨리 가려고 그 안에서조차 달리는 사람이 있습니다. 열차를 탔으면 앉아서 음악도 듣고, 잠시 창밖 풍경도 감상하고, 화장실을 잠시 다녀와도 되는데 그 안에서도 계속 달립니다. 완벽하려고 하는 사람들이 그렇습니다. 그런데 빨리 가면 뭐하나요. 인생의 사건사고는 나의 의지와 무관하게 생겨나 자꾸 내 삶을 멈추게 하는데요. 게다가 애초에 완벽한 것은 세상에 없습니다.

완벽할 때의 모습만 받아들이려 하지 마세요. 우리가 더 좋은 상태로 나아가려면 부족하고 모자란 모습도 받아들여야 합니다. 실패는 레슨비라고 생각하십시오. 인생의 레슨비라고요. 레슨비를 내야 배우잖아요. 무언가를 내야 합니다. 실패를 내야 배우는 거예요. 실패나 두려움을 이겨내거나 극복하려고 하지 말고 그것을 레슨비라고 생각하고 내라는 거죠. 그래야 삶에서 무언가를 받을 수 있습니다.

저는 이제 유튜브의 성공을 바라지 않습니다. 조급함의 시간은 흘러갔습니다. 제가 유튜브를 하는 이유로는 제 마음의 평안과 기쁨, 딱 두 가지가 남았습니다. 잘되지 않아도 내 마음이 평안하고 기쁘다면 그것으로 제게 성공입니다. 돈도 되고 조회수도 올라가고 구독자가 늘어도 제 마음에 평안이 없고, 기쁨이 없다면 전 그건 원치 않아요. 물론 평안과 기쁨도 있고, 잘되면 더없이 좋겠죠. 하지만 우선순위를 정한다면 저는 알고 있습니다. 제가 진짜 지켜야 할 것은 내 마음의 평안과 기쁨이라는 것을요. 그래서 이제 실패가 두렵지 않습니다. 이미 과정에서 평안과 기쁨을 얻었거든요.

완벽하지 않은 내 모습 그대로, 모자라면 좀 모자란 대로, 그것과 함께 지낼 수 있는 힘을 기르는 것이 좋습니다. 그렇게 부족한 나를 인정하고 수정해보고, 수정했는데도 잘되지 못하잖아요? 그런 나를 또 받아들여보세요. 멋지지 않아도 나는 내가 좋다, 지금 이대로의 내가 좋다, 이렇게 스스로를 수용해주셨으면 좋겠습니다. 그럴 때 비로소 온전한 자유가 찾아오실 것입니다.

Proposal

자녀를 키우는 분들이라면, 자녀에게 단단하고 튼튼한 돌담이 되어 주려 하지 마세요. 아마 본인의 삶에서 매서운 바람을 많이 경험해봤을수록 자녀에게 더 단단하고 높은 돌담을 쌓아주고 싶을지도 모릅니다. 내 아이의 삶은 나와는 달리 순탄하길 바라면서요.

하지만 모든 바람을 다 막아준다고 좋은 것은 아닙니다. 완벽하게 좋은 부모가 되려고 하지 마십시오. 조금 서툴러도 괜찮습니다. 조금 허술해도 괜찮습니다. 그게 바람의 길이 되어서 부모도 지키고 자녀도 지키는, 오히려 서로를 지켜주는 힘이 될 거예요.

제가 거듭 말씀드려요. 아이에게 실수할 공간을 주십시오. 인간은 실수하고 실패를 통해 배우고 성장하니까요. 실수와 실패를 했음에도 내 편이 있다는 믿음, 그것이 부모가 줄 수 있는 가장 큰 선물입니다. 듬성듬성 구멍 뚫린 돌담처럼 완벽하지 않아도 괜찮습니다. 실수를 통해 우리는 모두 자라납니다.

★

혼자 있지 말고 홀로 서세요

제주에 감귤철이 오면 식당, 카페, 어디서든 공짜로 귤을 나눠줍니다. 입구에 한 상자씩 수북이 귤을 쌓아두고 가져가고 싶은 만큼 가져가라고 두는 곳도 많아요. 말 그대로 발에 차일 정도로 귤이 넘쳐서 배불리 먹을 수 있습니다. 제가 제주에서 지내면서 원없이 감귤을 먹다 보니 제주 감귤이라고 다 맛있는 건 아니라는 걸 알게 됐습니다. 매해 1등급 귤이 나오는 지역이 있는데 다른 곳에 비해서 비가 적게 오는 곳이라고 합니다. 귤은 물을 적게 주고, 햇빛은 많이 받을수록 당도가 쑥쑥 올라가거든요. 장마가 지나고 수박을 사면 물 수박이 되듯이, 물을 많이 먹은 귤은 싱겁고 달콤한 맛이 없습니다. 미국 캘리포니아에서 오렌지가 잘 자라듯, 따뜻한 햇빛을 가득 받은 귤이 달고 맛있습니다.

어쩌면 저희도 이 귤과 비슷하지 않을까요? 햇빛은 보호자의 관심과 사랑인 것 같습니다. 꼭 부모가 아니더라도 어린 시절 만나는 어른에게 어떤 영향을 받아왔는지가, 훗날 그 아이가 어떤 어른으로 성장하는지에 많은 영향을 준다고 생각합니다. 따뜻한 햇빛을 받고 자란 아이는 달디단 귤처럼 자라날 가능성이 높은 거죠.

저는 햇빛은 적게 받고, 비는 많이 맞으며 어린 시절을 보냈습니다. 어딘가 싱겁고 울퉁불퉁한 귤로 자란 저는, 윤기 나고 과육이 단단한 귤들을 보며 부러워하고 질투했습니다. 열등감 많고 자존심은 강한데 자존감은 낮은 사람이 되어갔습니다.

자존심과 자존감은 시소와 같거든요.
자존감이 떨어지면 인간은 가만히 있지 않습니다.
'내가 소중하다'는 자아존중감이 낮아지면
시소의 반대쪽이 올라가는 것처럼 자존심이 한껏 올라갑니다.

"야, 너 공고 나왔잖아", "너 제주도 시골 출신이잖아", "집도 가난하잖아"라는 낮은 자존감의 소리가 스스로를 괴롭혔어요. 아무도 저를 그렇게 비난하지 않았는데 말이죠.

군대를 제대하고 스물네 살에 늦깎이로 음악 공부를 시작했습니다. 정식으로 음악을 배워본 적이 없던 저는 레슨을 받아야 한다는 사실을 그때 처음 알았습니다. 제주 교대 음악학과에 다니는 조교에게 처음 레슨을 받기 시작했는데 신문배달을 마치고 학교에 가는 제 모습이 무척 초라해 보였습니다. 추리닝을 입고 낡은 배달용 오토바이를 타고 있는 제가 창피했어요. 선생님이 되기 위해 삼삼오오 모여 학교를 가는 생기 넘치는 대학생들 사이로 교문을 지나기가 망설여져, 결국 학교 담벼락에 오토바이를 대고 월담을 해서 레슨을 들었던 기억이 선명하게 납니다.

음악을 시작한 계기는 '결핍'이었습니다. '아름다움'에 대한 동경과 결핍으로 음악을 하고 싶었습니다. 아무도 저에게 "너 잘할 것 같아", "열심히 한번 배워봐" 같은 말을 해주지 않았습니다. 스스로에게도 "난 할 수 있어" 같은 말을 해주지 않았어요. 아무런 관심도 애정도 받지 못한 저는 결핍을 동력으로 음악을 배우기 시작했습니다.

'결핍'의 힘은 아주 셉니다. 결핍을 동력으로 돈을 벌고 성공한 사람들을 보면, 성취하고자 하는 욕구와 열정이 다른 사람들보다 훨씬 강력합니다. "부모님에게 인정받을 거야", "날 무시했던 사람들한테 본때를 보여줄 거야" 하며 자신의 삶을 추진해가거든요. 효과가 좋은 만큼 부작용도 따라옵니다. 아무도 응원하지 않는 가운데서 힘을 낸 사람들은 자신에게 찾아온 행복을 불안해합니다. 실력을 쌓고, 돈을 벌고, 원하는 바를 이뤄냈음에도 현실에 만족하지 못해요. 마음이 여유로워지고 풍요로워지면 앞으로 성과가 안 날 것 같은 불안감에 사로잡혀 행복한 순간을 온전히 즐기지 못합니다. 내면에 남아 있는 결핍으로 끊임없이 달리려고만 하죠. 오히려 가속페달을 밟습니다.

저도 불통을 오래 경험하다 보니 결핍에 길들여졌습니다. 결핍의 에너지로 강연도 잘 해낼 수 있었습니다. 그래서 행복 멀미를 하더라고요. 행복해질 것 같으면 멀미가 납니다. 여유로워지고, 좋은 컨디션이 되는 것이 본능적으로 불안해서 그 불안의 배에서 내리지 않으려고 합니다. 다행히 그때쯤 코로나가 저를 도와주었습니다. 2년의 휴식기가 강제로 주어져 불안의 배에서 등 떠밀려 하선할 수 있었습니다. 내가 해보고 싶었던 것, 나의 작은 행복을 체험하며 살 수 있었지요.

이뤄낸 게 많음에도 공허하다면,
그간의 노력을 인정하고 여유를 가지는 시간이 어색하다면,
그동안 결핍만을 원동력으로 삼고 살아온 건 아닌지
되돌아보십시오.

나를 채찍질하고 비난하는 목소리는 사실 스스로가 만들어낸 경우가 많습니다. 다른 사람들에게 사랑받지 못해서, 인정받지 못해서 자신이 이뤄낸 것들을 깎아내리지 마세요. 행복을 불안해하지 않는 마음이 우리에게 필요합니다.

스스로에게 "너도 가끔은 행복해도 괜찮아", "너도 가끔은 여유

있게 살아도 괜찮아"라고 말해보세요. 핵심은 '가끔은' 입니다. 항상 행복해야 한다, 항상 여유 있어야 한다는 강박 없이, 때때로 우리의 인생에 찾아오는 행복에 "그래, 나 고생했으니까 가끔씩 이렇게 쉬어주자"라며 스스로를 안심시켜주세요. 불안에 길들여진 마음이 편히 쉴 수 있게끔 때때로 자리를 내어주는 연습도 필요합니다.

★

쾌락을 탐하는 삶

카지노 가본 적 있으신가요? 카지노에는 세 가지가 없다고 합니다.

첫째, 시계가 없습니다. 사람은 시간을 알 때 지혜가 생깁니다. 나에게 남은 시간이 그리 길지 않다는 것을 인식할 때 자신이 버려야 할 짐과, 지고 가야 할 짐을 구분합니다. 쓸데없는 시간을 줄이고 자신에게 진정 필요한 것이 무엇인지 깨닫습니다.

두 번째로는 거울이 없습니다. 우리는 거울을 통해 얼굴을 바라봅니다. 얼굴의 잘나고 못나고만 보지 않습니다. 거울에 비친 얼굴을 통해 마음까지 들여다봅니다. 내가 어떤 인생을 살아오고 있는지 멈춰 바라보게 해줍니다.

세 번째로는 창문이 없습니다. 창문으로는 햇빛과 바람이 들어옵니다. 사람이 무언가에 몰입해 집중하다 보면 어느 순간 집착으로 변하게 됩니다. 사랑에 집중하다 집착하고, 일에 집중하다 집착하게 되는 것이죠. 그럴 때 잠시 창문을 열어 환기를 시키고, 창가에 다가가 햇볕을 쬐며 창밖을 바라보는 시간, 한 곳에만 집중했던 시선을 분산시키는 시간이 필요합니다.

스스로를 인식하고 인지할 수 없도록 시계, 거울, 창문이 없는 곳에서 강한 쾌락을 찾는 도박이 벌어집니다. 도박에는 또 다른 이름이 있습니다. 바로 쾌락快樂입니다. 쾌할 쾌, 즐거울 락. 아주 강한 농도의 즐거움인 거죠. 쾌락에는 두 종류가 있습니다. '시작이 좋은' 쾌락과 '끝이 좋은' 쾌락입니다. 햄버거를 먹기 전에 오는 즐거움, 게임을 시작하기 전의 두근거림 같은 것은 시작이 좋은 쾌락입니다. 반면 시작하기까지 매우 힘든 운동이나 청소 같은 행동은 하고 나서 후련함과 개운함이 찾아오는 끝이 좋은 쾌락입니다. 실컷 햄버거를 먹고 나서의 더부룩함, 새벽까지 모니터를 들여다보며 게임을 끝냈을 때의 허탈함. 시작만 좋은 쾌락은 결국 부정적 쾌락이 되고 맙니다. 도박은 바로 이 부정적 쾌락의 끝자락에 있습니다.

도박을 이야기하는 까닭은, 실제로 도박을 하는 삶도 문제지만 우리 주변에서 더 흔하게 접할 수 있는 '도박 같은 삶'을 살고 있는 사람에 대해 이야기하고 싶어서 입니다. 끊임없이 강한 쾌락만을 찾는 사람이 있습니다. 유튜브, 텔레비전, 게임, SNS 등에 지나치게 빠져 있는 사람들이 있습니다. 왜 현실 세계가 아닌 사이버 세계에 빠지게 되는 것일까요? 사이버 세계에는 즉각적인 리액션이 있기 때문입니다. '좋아요' 버튼 하나만 눌러도 곧장 반응이 오고 강력한 리액션이 돌아오니 현실 세계에 발붙이지 못하고 가상의 세계를 탐닉하게 됩니다.

강한 쾌락을 찾는 이유를 생각해보았습니다. 바로 일상에서의 소락小樂이 없기 때문입니다. 작은 즐거움이 없습니다. 평상시에 느껴야 할 작은 즐거움에 대한 갈급함이 쌓이고 쌓여 더 큰 즐거움을 원하게 됩니다.

일상의 작은 즐거움이 무엇인지 모르니 자신이 즐기는 즐거움이 유익한 쾌락인지 끝이 나쁜 쾌락인지를 구별하기가 어렵습니다. 누군가는 약물에, 누군가는 게임에, 누군가는 과한 쇼핑에, 누군가는 폭식에, 누군가는 도박에 빠지게 됩니다. 자신이 느끼는 쾌락이 인생을 파멸시킬 만큼 해로운 걸 알면서도 순간이 주는 강력한 즐거움에 스스로가 살아 있다고 느낍니다.

> 혹시 부정적인 쾌락에 중독되어 있다면
> 일상 속 소락, 소소한 즐거움을 찾는 것부터 시작하십시오.

날마다 반복되는 생활 속에서 조금이라도 행복해질 수 있는 무언가를 찾아보세요. 즉각적인 보상을 가져다주는 쾌락보다, 시간이 걸려도 끝이 좋은 쾌락을 선택해보십시오.

인생을 살다가 중독에 빠졌을 수 있어요. 도박에 빠졌을 수 있어요. 쾌락에 빠졌을 수 있어요. 하지만 갑자기 좋아지려고 하지 마세요. 갑자기 좋아질 수 없는데 시도해보고 안 되면 더 절망하고 쾌락에 더 깊게 빠져 들어갈 수 있습니다. 그러고는 이렇게 말하게 됩니다.

"내가 해봤는데, 안 돼."

혼자 해내기 힘들 수 있고, 힘든 것이 당연합니다. 중독의 경우에는 특히 주변에 도움을 청해야 합니다. 도박 같은 삶을 살고 있다고 느낀다면, 나를 잘 아는 지인들, 기관, 또는 책과 강의에 의지해 도움을 받으십시오. 기꺼이 도움을 받고, 기꺼이 이야기를 들으려는 마음을 가지십시오. 그렇게 내 삶의 시계를 되찾고, 거울과 창문을 곁에 두고 수시로 바라보십시오. 그리고 내 마음을 작게나마 기쁘게 하는 소락을 찾아보세요. 작지만 잔잔하게 오래가는 즐거움들을 경험하세요.

쾌락을 탐닉하지 않았던 사람보다 어쩌면 한번 빠졌다가 건강해진 사람이 훨씬 더 단단한 삶을 꾸릴 수 있습니다. 혹시 요즘 힘드시다면, 갑자기 좋아지려 하지 말고 도움을 받고자 하는 마음으로 기관도 클릭하고 강의도 클릭하고 책도 클릭하십시오.

당신이 건강한 즐거움을 되찾으셨으면 좋겠습니다.

★

지금 헤어지고 싶은 사람이 있다면

지금 헤어지고 싶은 사람이나 그만두고 싶은 일이 있다면 어떻게 하면 좋을지 소개하겠습니다. 헤어지고 싶은 사람, 직장에서 날 피곤하게 하는 사람, 내가 힘들어하는 그 일을 귀한 손님처럼 일정 기간 대해보세요. 저는 최소 21일 해보시길 추천합니다.

'21일의 법칙'이라는 것이 있습니다. 미국의 성형외과 의사 맥스웰 몰츠가 《성공의 법칙》이라는 책에서 소개한 이론인데요. 그는 성형수술을 한 환자들을 살펴보다가 신기한 패턴을 발견했습니다. 사고로 팔이나 다리를 잃은 환자가 아직도 팔 다리가 있는 듯한 느낌을 21일 정도까지는 가지고 있다는 사실이었습니다. 코를 수술한 사람도 새로운 코에 적응하는 데 최소 21일이 걸렸다고 합니다. 어떻게 된 일인가 뇌를 살펴보니, 어떤 생각이 심어지려면 의심이나 고정관념을 담당하는 대뇌피질과 두려움과 불안을 담당하는 대뇌변연계를 거쳐서 습관을 만드는 뇌간까지 가야 하는데, 이때 걸리는 최소한의 시간이 21일이라는 것을 밝혀냈습니다. 생각이나 행동을 충분히 반복하면 우리의 뇌 속에 생각의 길이 나고 그것이 습관으로 정착하기 위한 최소한의 시간이 있다는 것을 알아낸 것이지요.

그래서 저는 지금 헤어지고 싶은 사람이나 일이 있다면 최소한 21일 동안 귀한 손님이 온 것처럼 대해보시기를 권합니다. 그 시간을 넘어가봐야 합니다. 최소 21일 또는 한 달, 세 달, 여섯 달, 1년. 기간은 여러분이 정하는 것입니다. 그렇게 해봤는데도 상대에게 변화가 없다면, 또는 상황에 변화가 없다면, 그때 헤어져야 여러분에게 좋습니다. 그때 헤어지고 그때 퇴사해야 안전합니다. 이런 과정이 없다면 다른 사람을 만나거나 다른 회사에 갔을 때 지금과 비슷하거나 심지어는 더 나쁠 수도 있습니다. 회사를 그만두고 프리랜서로 전향해도 같은 일이 벌어집니다. 반복된 고통을 겪으면 인간의 마음이 약해져서 이런 생각을 합니다.

'삼재인가? 나는 왜 이리 복도 없지?'

반복되는 것은 사실 삶이 주는 메시지거든요.

그럴 때 한번쯤은 겸허히 그 메시지에 귀를 기울여봐야 합니다.

나의 습관, 눈빛, 말투, 행동이 반복된 결과를 낳지는 않았는지 면밀히 살펴야 합니다. 메시지는 나를 살게 하려고 삶이 주는 목소리입니다. '내가 뭐가 문제야? 내가 얼마나 열심히 살았는데'라며 억울해하고 여전히 반복된 고통 속에 살지, 또는 감사하게 여기며 메시지에 귀를 기울여 한 단계 나아갈지는 모두 나에게 달려 있습니다. 아무리 삶이 노크를 해와도 듣지 못하는 사람도 많습니다. 삶이 '불행'이라는 모습으로 나를 계속 찾아올 때 건강하게 반응할 수 있는 지혜가 있기를 바랍니다.

삶에 불청객이 찾아왔다면 쫓아내려고 하지 말고 귀한 손님을 대하듯 대해보세요. 저의 말이 괜찮다고 생각된다면 실험을 해보세요. 그냥 무작정 수용하지 마시고, 진짜 괜찮다고 생각이 된다면요. 이런 강연과 책, 메시지를 듣고 무조건 받아들이기보다 생각을 했으면 좋겠습니다. 그 말에 대해서 곰곰이 생각을 해보는 거죠. 그리고 괜찮다고 생각된다면, 그때 내 삶으로 실험을 하면서 그 생각을 입증해보는 겁니다. 최소 21일, 최소 스물한 번. 그 누구를 위해서도 아니고 바로 나 자신을 위해서요.

혹여 삶을 포기하고 싶을 때도 자신에게 마지막으로 스물한 번의 기회를 주세요. 아침에 일어나서 몸에 좋은 거 먹고, 운동도 하고, 책도 한번 읽어보고, 음악도 들어보고, 좋다는 영화도 한번 보고, 기도도 한번 해보고요. 우리에게는 우리 자신을 향한 사랑이 필요합니다. 왜냐하면 그 이유는 단 하나입니다. 우리는 모두 너무 소중하기 때문입니다.

최근 직장생활을 하거나 인간관계에서 마음이 아팠다면 그것은 우리가 진심이었기 때문입니다. 사람은 진심을 다했을 때 마음이 아픕니다. 진심이 아니었다면 아프지도 않았을 것입니다.

마음을 먹는 것도 힘이 있어야 먹어지더라고요. 살다가 넘어졌을 때 다시 일어나려고 해도 힘이 있어야 할 수 있더라고요. 계속 그 자리에 넘어져 있고, 동굴에서만 줄곧 지내다 보면 나오고 싶어도 그럴 힘이 없어서 못합니다. 그러니 하루에 딱 몇 분이라도 자신에게 힘이 되는 좋은 것들을 하세요. 가령, 산책을 한다면 처음부터 1시간 코스 짜지 말고 동네 편의점 앞까지 5분 거리, 좀 더 기운이 나면 지하철역까지 10분 거리, 더 기운이 나면 옆 동네 공원까지 15분 거리, 이런 식으로 힘을 기르세요. 마음의 근육을 조금씩 만들어 아무 일 없던 때보다 더 강하고 건강한 나를 만나시기를 바랍니다.

★

남에게 잘 보이는 게 중요한 사람들

가끔 그런 생각이 들 때가 있습니다. '여기가 천국이구나' 하는 생각. 안동 하회마을에 갔을 때 같은 생각을 했습니다. 이 마을에서 살다 이 마을에서 죽고 싶다고 생각했습니다. 특히 하회마을에서 묵은 숙소는 화려하진 않았지만 소박하고 푸근했습니다. 아궁이에 불을 때는 방이었고 침대 대신 이불과 요가 깔려 있는 방이었습니다. 일정을 마치고 늦은 밤 숙소에 도착해 평소처럼 잠에 들었는데, 그토록 깊고 편안하게 잠든 적이 있었나 싶을 정도로 개운하게 아침을 맞았습니다. 평소 아프던 어깨도 아프지 않아 몸도 기분도 날아갈 듯이 가벼웠습니다. 숙소를 떠나기 전 사장님께 감사 인사를 드렸습니다.

"정말 오랜만에 뜨끈뜨끈한 바닥에서 자서 그런지 잠을 정말 잘

잤습니다. 매일 아궁이에 불을 때시느라 고생 많으시겠어요."

사장님이 웃으시며 이렇게 대답하시더군요.

"아마 이불 덕도 많이 보셨을 겁니다. 여기 밭에서 자라는 목화로 직접 지은 이불이거든요."

정말 집 너머에 목화밭이 펼쳐져 있었습니다. 목화솜은 기계로 딸 수 없어 일일이 사람 손으로 따야 합니다. 밭 주위로 풀이 많이 자라 1년 내내 풀을 매야 하고요. 얼마나 수고스러운 일일까요. 매일 허리를 숙여 절을 삼천 번 정도 하는 일과 같다는 생각이 들었습니다. 농약도 쓰지 않고 유기농으로 농사를 짓고 일일이 손으로 목화솜을 따서 손바느질을 해 만든 이불. 하룻밤 만에 제 피로가 사라진 이유가 저를 푹신푹신하게 감싸준 이불 덕분이었음을 인정했습니다. 거대한 북극곰에게 폭 하고 안기듯이 보드랍고 따뜻했거든요. 이불 하나로 삶의 질이 이렇게나 달라질 수 있다니 놀라웠습니다.

서울 집에 도착해 침대에 누워 늘 덮던 이불을 덮었습니다. 하루에 평균 일고여덟 시간을 보내는 곳이지만 새삼 무신경했다는 생각이 들었습니다. 침대, 베개, 이불을 전부 저렴한 것들로만 사용하고 있었습니다. 촉감이 좋은 이불을 고르기보다는 가성비 좋은 제품들로만 골랐습니다. '어차피 집에서 내가 쓰는 건데 좋은 걸 써서 뭐하나' 하는 생각으로요.

집을 둘러보니 돈을 아끼고 있는 곳이 한두 군데가 아니었습니다. 일회용 면도기는 몇 번을 썼는지 모를 정도인데도 여전히 세면대 위에 있었고, 몇 년 전 행사에서 받아온 무슨무슨 기업 창립 30주년 수건은 빳빳해진 상태로 화장실에 걸려 있었습니다. 옷 안에 받쳐 입는 러닝셔츠는 목 부분이 다 늘어나 있었고, 구멍 난 양말도 서랍 곳곳에 있었습니다. 낡아 버릴 때가 되어도, 질이 좋지 않아도 꾸역꾸역 쓰고 있는 저를 발견했습니다.

남들에게 보여지지 않으니까, 어차피 나 혼자 쓰는 거니까, 하는 마음으로 스스로에게 좋은 것을 주지 못했던 겁니다. 대신 남들에게 보여지고 자랑할 수 있는 것에는 돈을 아끼지 않았습니다. 비싼 오토바이를 사고, 비싼 헬멧을 사고, 비싼 옷도 사고, 비싼 가방도 샀으니까요. 긴 시간 나를 편안하게 해주고 나를 돌보는 물건들은 남들에게 보이지 않는다는 이유로 돈을 아꼈습니다. 겉으로는 화려하고 나를 잘 관리하는 것처럼 보였을지 몰라도 진정 나를 돌보는 일에 관심이 없었고 소홀했습니다. 내게 어떻게 해주는 것이 진짜 돌봄인지 사실 잘 몰랐거든요. 이제는 조금 알 것 같습니다.

다음 날 아침 면도기를 바꾸고 부드러운 수건들을 주문했습니다. 하루에 몇 분밖에 쓰지 않는 물건이라도 나에게 좋은 것을 주기로 결심했습니다. 겨우 오래된 수건을 버리고 새 수건을 주문했을 뿐인데 기분이 가뿐해졌습니다. 스스로를 아껴주고 있다는 느낌이 들었기 때문입니다.

돈을 어디에 써야 할까요.

당신은 돈을 어디에 쓰고 있나요?

남들에게 자랑할 수 있는 것에 돈을 쓰고 있나요,

일상 속 나를 진정으로 돌볼 수 있는 것에 쓰고 있나요?

사소한 것이라도 좋습니다. 매일 내 몸에 닿는, 내가 사용하는 물건들을 살펴보십시오. 그 물건들이 결국은 우리의 몸과 마음의 상태를 말해주고 있습니다. 남들에게 보이지 않는 것, 나만 아는 것을 나를 위해 조금씩 챙기는 것, 그것이 자기 사랑의 시작이 아닐까 싶습니다.

Proposal

사람은 돈을 벌면 세 가지 중 하나를 합니다. 무조건 저축을 하는 사람, 물건을 사는 사람, 그리고 마지막으로 경험을 사는 사람. 자신이 정말 좋아하는 것이 무엇인지 모르면 물건을 많이 삽니다. 좋아 보이는 옷도 사고 가방도 사고 차도 사고 보석도 삽니다. 하지만 자신이 정말로 무엇을 좋아하는지, 자기 취향과 철학이 있는 사람은 물건을 잘 안 삽니다. 신중하게 한 개를 골라 사서 오래 사용합니다.

물건을 많이 사는 사람은 사도 사도 목이 마릅니다. 제가 경험해봐서 아는 사실입니다. 목마름 현상이 나아지는 경험 또한 했습니다. 내가 좋아하는 '경험을 사는 삶'으로 바뀌었을 때, 공허하게 물건을 사는 일이 줄어들었습니다. 오토바이도 사고 싶고, 차도 사고 싶고, 헬멧도 사고 싶고, 그렇게 품목을 옮겨가면서 사고 싶었는데, 그 불이 내가 좋아하는 경험을 하면서부터 꺼지기 시작했습니다.

저는 이제 제 목마름을 해소하는 방법을 조금은 알 것 같습니다. 나를 아끼고, 나를 위하고, 나의 취향을 만들고, 나를 성장시키는 경험을 사는 것. 그렇게 나의 본질에 집중할 때, 원인 모를 갈증과 초조함이 잦아들어감을 느꼈습니다. 여러분도 돈을 벌어 진정 나 자신을 위한 것에 쓰십시오.

★

나는 서서 자는 말일까, 누워서 자는 말일까

제주에서 태어나고 자랐지만 최근 1~2년 사이에 진짜 제주의 모습을 알게 되었다고 생각합니다. 비가 와도 눈이 와도 참 아름다운 곳이라는 걸 느끼며 지내고 있습니다. 제주에 있을 때만큼은 자연을 직접 몸으로 느끼며 특히 육체노동을 많이 경험해보고 싶어서 한번은 마사馬舍에서 일을 해보기도 했습니다.

제주에 오면 푸른 초원 위에서 말들이 풀을 뜯어먹는 걸 심심찮게 볼 수 있습니다. 드넓은 방목지에서 뛰노는 말들을 보러 많은 관광객들이 오기도 하죠. 그곳에서 말똥도 치우고, 마사 청소도 하고, 건초 갈아주는 일도 했습니다. 말들 빗질도 해주고 당근도 주면서요. 윤기 나는 털과 긴 다리를 가진 말들은 늘 우아하고 평온해 보였습니다. 그런 말들을 바라보면서 엉뚱하지만 한 가지 궁금증이 생겼습니다.

'말들은 서서 잘까, 누워서 잘까?'

목장을 관리하는 분께 물어보니 이렇게 답을 해주시더군요.

"서서 자는 말도 있고, 누워서 자는 말도 있어요."

야생의 말들은 주로 서서 잔다고 합니다. 말이 유독 소리에 민감하다 합니다. 자기 소리에 자기가 놀라는 경우도 많아서 사람이 보기에는 조금 겁이 많아 보입니다. 초식동물인 말은 육식동물에게 잡아먹히지 않기 위해서 빠르게 도망갈 준비를 잘 때도 한다고 합니다. 누워 있다가 일어나는 짧은 시간조차 야생에서는 생과 사를 가를 수 있는 시간인 것이죠. 야생에서 자란 말들은 도망갈 타이밍을 놓치지 않기 위해 서서 잠을 잡니다.

그럼 누워서 자는 말들은 왜 그런 걸까요? 사람 손을 탔기 때문입니다. 태어날 때도 사람이 받아주고 어릴 때부터 사람들이 밥을 먹여주고 보살펴준 말들은 누워서 잔다고 해요. 이 말들은 자기를 지켜주는 보호자가 있다는 믿음이 있어서 자신이 위험에 노출되어 있다고 느끼지 않습니다. 항상 주위를 경계하는 말의 본능을 거스른 행동을 합니다.

서서 자는 말들을 보면 괜히 안쓰러운 마음이 듭니다. 사람의 입장에서 보기에는 누워서 자는 게 더 편해 보이니까요. 잘 때만큼은 긴장을 다 풀고 자면 좋지 않을까 생각이 드는 동시에 그렇다면 나는 서서 자는 말일까, 누워서 자는 말일까 돌아보게 되었습니다. 군대에 다녀온 남성분들은 아실 거예요. 긴급출동 명령이 떨어지면 5분 내로 완전무장을 해야 하는 5분 대기조가 있습니다. 아예 군화를 신고 군복을 입은 채로 쪽잠을 잡니다. 정신을 바짝 차려야 하는 상태로 쪽잠을 자면 잠을 자도 잔 것 같지가 않습니다. 자는 시간까지 온몸이 뻣뻣해져 있는 거죠. 저는 꽤 오랫동안 5분 대기조처럼 살았습니다.

'부모님이 나를 신경써주지 못하니 정신을 바짝 차려야 해', '형제들도 생활전선에서 각개전투를 벌이고 있으니 나도 빨리 독립해야 해', '내가 뒤로 넘어지면 아무도 나를 받쳐줄 사람이 없어'라는 생각을 가지고 살아왔습니다. 쉬는 시간이 쉬는 시간이 아니고, 휴일이 휴일이 아니고, 휴가가 온전한 휴가가 아니었습니다. 늘 무언가에 쫓기는 마음이 들었습니다.

강연이 오후 두 시에 있으면 강연 시간이 가까워져서야 늘 부랴부랴 편의점에서 컵라면과 삼각김밥을 사 먹고 강연을 하러 갔습니다. 식당에서 밥을 먹을 충분한 시간이 있었는데도 불구하고요. 편안하게 보낼 수 있는 시간을 만들지 않고 늘 빼곡하게 일정을 짜고 바쁜 상황을 스스로 만들었습니다.

바쁘지 않아도 될 시간에도 쫓기듯 사는 건 분명 문제입니다. 팔다리에 긴장을 풀고 회복하고 충전하는 시간을 가져야 하는데 항상 경계하며 사는 건 오히려 정말 자신을 지켜야 할 때 지키지 못할 수도 있습니다. 힘을 비축해둬야 할 시간에 이미 힘이 다 빠져 버렸기 때문입니다.

저처럼 긴장감이 높고 시간에 쫓기듯 사는 사람이 한순간에 여유롭게 지내기란 당연히 쉽지 않습니다. 그러니 잠을 자는 순간만큼이라도, 잠에 들기 전만큼이라도 힘을 빼는 연습을 조금씩 해보는 것이 좋습니다. 하루 중 이 시간만큼은 어떠한 고민도, 걱정도, 후회도 일단 미뤄두는 연습을 해보는 것입니다. 무방비 상태여도 괜찮다는 걸 한 번 두 번 받아들이기 시작하면 곧 삶 전체가 조금씩 가벼워질 것입니다. 서서 잠들던 말이 점차 무릎을 꺾어 몸을 뉘어 편히 잘 수 있을 것입니다.

Proposal

이해해야 사랑할 수 있습니다. 이해되지 않는데 사랑할 수 있다는 것은 말이 되지 않습니다. 이해해야 사랑하고 받아들일 수 있습니다. 이해가 되면 그 사람의 똑같은 행동이 다르게 보입니다. 나를 화나게 하던 행동이 어느 순간 슬퍼 보일 수도 있고, 나를 어이없게 만들던 행동이 어느 순간 가여워 보일 수도 있습니다.

가장 중요한 것은 내가 살아온 내 인생을 내가 이해하는 것.
그리고 앞으로도 그렇게 살 것인지 생각해보는 것입니다.

이 끝에는 무엇이 있는지 생각해보고, 내가 진짜로 어떤 삶을 살고 싶은지를 생각해보는 것입니다. 인생은 그리 길지 않습니다. 죽음이 다가왔을 때 후회 없이 '아, 참 고마웠다. 소풍 잘 다녀간다'라고 생각할 수 있는 삶, 그런 삶이 좋은 것 같습니다. 원망만 한가득, 후회만 한가득 안고 '어떻게 하다 보니 이렇게 돼버렸네'가 아니고 말이지요.

용서받아본 적 있는 사람은
용서할 수 있습니다.

....

사랑받아본 적 있는 사람이
사랑할 수 있듯이 말이지요.

4

나만의 — 사람들

★

나, 당신과 이야기하고 싶어요

"눈이 너무 슬퍼 보여요."

제 강연을 들어주시는 분들이 가장 많이 해주시는 말씀이 첫째 "재미있다"입니다. 어쩜 그렇게 말을 웃기고 시원하게 하느냐며 좋아해주십니다. 그리고 두 번째로 많이 듣는 말은 "눈이 너무 슬퍼 보여요"라는 말입니다. 서로 참 다른 말이지요.

왜 내 눈이 슬퍼졌을까, 곰곰이 생각해보았습니다. 이유는 간단했습니다. 사람의 눈이 슬픈 이유는 슬픈 장면을 많이 보았기 때문입니다. 슬픈 소리를 많이 듣고 슬픈 감정을 많이 느낀 사람은 슬픈 눈을 갖게 됩니다. 외부의 자극과 상황은 고유한 눈빛을 만들고, 얼굴 표정을 만들고, 목소리를 만듭니다. 의도하지 않아도, 꽁꽁 숨긴다 해도 감춰지지 않고 드러나게 마련입니다.

저의 아픈 손가락과도 같은, 결국은 슬픈 눈으로 드러나고야 마는 이야기를 해보려 합니다. 겉으로 보기에는 번듯하게 성공하고 자리 잡은 것처럼 보여도, 돈도 곧잘 벌고 잘나가는 것처럼 보여도 사람마다 아픈 손가락이 있습니다. 단지 아픈 손가락을 아무도 보지 못하도록 감추는 사람과 남들이 다 볼 수 있도록 열어두는 사람이 있다는 차이가 있을 뿐이지요. 아마도 저는 전자에 해당하는 사람 같습니다.

들을 때마다 저에게 과분하다고 생각하고 부끄러워지는 수식어가 몇 개 있습니다. 바로 '소통 전문가', '소통령' 같은 단어입니다. 제가 아니라며 손사래를 치면 사람들은 겸양의 자세를 취한다고 생각합니다. 하지만 겸손이 아닌, 진심으로 '소통 전문가'라는 단어가 제게 과분한 이유는 제가 정작 가족, 특히 친형과 소통을 전혀 하지 못한다는 사실 때문입니다. 제가 아버지, 어머니, 누나 이야기는 많이 하지만 강연이나 책에서, 사석에서, 형 이야기를 한 적은 거의 없습니다.

이야기를 하지 않은 이유는 간단합니다. 제 안에서 정리되지 않은 이야기는 밖으로 잘 꺼내지 않습니다. 정리되지 않은 이야기를 하다 보면 자칫 우발적으로 어떤 정리되지 않은 감정이 튀어나오게 되니까요. 화가 됐든 억울함이 됐든 슬픔이 됐든 서운함이 됐든 서로에게 쌓인 오해일 수도 있고 켜켜이 쌓인 먼지처럼 오래 묵은 감정일 수도 있는데 그것을 잘못 꺼내면 안 된다는 나름의 원칙이 있습니다.

형과의 대화가 익숙하지 않은 소통 전문가라니. 이건 가당한 말이 아니었습니다. 저는 집안에 큰 문제가 생기지 않는 한 형과 개인적으로 연락하는 일이 없었습니다. 오랜만에 가족 모임에서 만나도 대화라고 부를 만한 것이 없었습니다. 그렇다고 싸우거나 서로 대면하기 불편한 것은 아니었습니다. 다만, 무소식이 희소식이라는 생각이 강한 관계였습니다.

아버지 생신을 맞아 정말 오랜만에 가족들이 제주도에 모였습니다. 형과 형수님도 오셨지요. 오히려 형수님과는 대화가 수월히 잘 되어 이런저런 이야기를 나누고 있자니 형수님이 "도련님은 형이랑 손 모양도 똑같아", "목소리도 점점 닮아가는 것 같아"라는 말을 하셨습니다. 그 이야기를 듣고 있으니 조금 이상한 기분이 들었습니다.

형은 술을 좋아하는 사람이었습니다. 저는 술을 마시지 않는 사람이고 형은 늘 조금은 취해 있으니 저로서는 형과 대화하기가 어려웠습니다. 요즘도 술을 많이 마시는지 형수님께 물었더니 이런 답이 돌아왔습니다.

"도련님, 형은 평상시에는 되게 무미건조한데, 술을 먹잖아요? 그럼 사람이 되게 부드러워지고 속에 있는 말을 잘해요, 잘 웃고."

그때 문득 과거에 형이 했던 말과 행동들이 떠올랐습니다. 넌지시 "술 한잔할래?"라는 말을 건넸던 형이요. 그때 저는 속으로 '술 먹고 헛소리밖에 더 해? 정신 똑바로 차리고 얘기해도 부족할 판에'라고 생각하며 형의 제안을 무시하곤 했습니다. 형이 종종 투덜대며 "창옥이 저 녀석은 술을 안 먹어. 뭐 말을 좀 할라 해도…" 하는 말들을 했던 기억도 떠올랐습니다.

형이 그때 저에게 같이 술을 먹자고 했던 건 딱딱한 상황을 조금이라도 풀어보고자, 대화의 워밍업을 해보고자 노력했던 것일 수도 있습니다. '술'을 소통의 매개체로 저에게 다가왔던 건지도 모르겠습니다. '내가 너무 쑥스러운데, 술을 마시면 마음이 조금은 열려. 너한테 하고 싶은 말도 있고, 듣고 싶은 말도 있으니 우리 술 한잔하면서 대화를 나눠보자'라는 마음이지 않았을까요. 저는 나이 차이가 많은 형에게 대놓고 거절하지는 않았지만 분위기로 거절을 해왔습니다. 분위기도 언어니까요. 아마도 형은 형대로 서운하고 답답했을 것입니다.

소통에도 워밍업이 필요합니다.

가족인데도, 혹은 아주 친한 사이인데도, 심지어는 자기 자신과도 대화가 단절된 사람들이 있습니다. 단절됐던 처음의 이유가 무엇이었든 간에 시간이 흘러 '대화 없음'에 익숙해져 버린 것이지요. 그렇게 수십 년을 보낼 수도 있습니다. 하지만 이것이 문제라고 생각한다면 조금씩 시도해보십시오. 갑자기 소통하려고 하면 안 됩니다. 갑자기 "우리 대화 좀 해"라고 하면 거부감만 듭니다. 상대방은 방어적이 되고, 철렁 가슴이 내려앉기도 합니다.

깊은 샘에서 펌프로 물을 퍼 올리기 위해 먼저 한 바가지의 물을 부어주는 마중물처럼 대화에도 가벼운 준비가 필요합니다. 차 한잔, 술 한잔, 시답잖은 농담이 마중물이 되어 마음속 깊은 이야기를 끌어올릴 수 있습니다. '난 당신과 이야기하길 원해요'라는 사인을 잘 주고받는 것만으로도 이미 소통의 절반은 성공한 셈입니다. 소통하고 싶다면 마음을 먼저 열어야 한다는 너무도 당연하고도 중요한 사실도 기억해야 합니다. 어쩌면 '아, 이 사람이 나에게 10년 전에 사인을 보냈었구나'라는 사실을 뒤늦게 발견하게 될지도 모릅니다.

더 늦어지면 안 됩니다. 저도 오랜 시간을 그렇게 보냈습니다. 형이 있는데도 스스로를 외롭게 했습니다. 슬픔을 눈 속에 가득 채운 채로 말이지요. 시간을 무심히 흘려보내면 '난 너 때문에 억울해', '난 너 때문에 상처받았어', '난 너 때문에 외로웠어'만 남습니다. 우리, 살아 있을 때 조금이라도 손을 내미는 시도를 해보았으면 좋겠습니다.

★

가면 속 내 모습 끝까지 숨겨야 할까요?

세상에 사연 없는 사람은 없습니다. 나이가 들수록 알게 되지요. 보이든 보이지 않든, 사람 뒤에 쌓여 있는 숱한 사연들이 말이죠.

저는 많이 꺼내놓고 살고 있습니다. 제 뒤에 숨겨놓았던 사연들을 하나둘 꺼내 먼지를 툭툭 털어내고 씻어 말리고, 그렇게 보송보송해진 이야기들은 더 이상 사연이 아니게 됨을 자주 경험합니다. 그전까지는 정말 철갑과도 같은 가면을 쓰고 살았습니다.

사회생활을 하면서 어느 정도의 가면은 필요합니다. 가면을 쓰는 게 꼭 나쁘지만은 않죠. 사람들과 어울리고 감정을 컨트롤할 수 있게 도와주니까요. 나의 진짜 모습은 꽁꽁 숨기고, 내가 보여주고 싶은 모습만 보여주려 애쓰다 보면 하루의 끝에 완전히 방전되고 맙니다. 집에 도착해 혼자가 되었을 때 허무하고 쓸쓸해집니다. 저는 가면을 너무 어린 나이부터 써왔습니다. 어렸을 때 부모님이 자주 싸우고, 집안 분위기는 우울하니 자연스럽게 겁이 많고 자주 눈치를 보는 아이로 자랐습니다. 그때부터 얼굴을 가면으로 덮어버렸습니다.

사람들이 자주 쓰는 가면은 대략 세 종류입니다.

첫 번째, 제가 가장 자주 쓴 가면이기도 한, 밝은 표정을 짓는 가면입니다. 저는 항상 밝게 웃었습니다. 친구들을 웃기고 까불거리며 장난치는 걸 좋아했죠. 이 가면은 사람들이 저의 어두운 본모습을 보지 못하게 하는 동시에 저에게 관심을 쏟도록 만들었습니다. 부모님께 받지 못했던 관심과 반응에 취한 저는 꽤 오랜 시간 지나치게 명랑한 척하며 살았습니다.

두 번째 가면은 사납고 무서운 가면입니다. 어리고 부족한 부분을 감추기 위해서 오히려 날카로운 뿔과 송곳니가 달린 가면을 썼습니다. 센 척하는 사람들을 유심히 살펴보면 내면에 두려움이 가득한 걸 알 수 있습니다. 험상궂은 가면 뒤에서 오히려 떨고 있는 것이지요.

세 번째는 무표정한 가면입니다. 회색지대가 되는 것이지요. 고통도 별로 느끼지 않고, 딱히 기쁨을 느끼지도 않죠. 좋은 일이 있어도 함께 웃지 않고, 슬픈 일이 닥쳐도 눈물 흘리지 않습니다. 무언가를 보고 놀라거나 설레는 일도 없어요. 심드렁하게 냉소적으로 상황을 바라볼 뿐입니다. 모든 감정에 통달했다며 스스로 어른이 됐다고 생각해요. 하지만 감정을 숨겨놓은 겉모습만 어른인 회색 인간이 되고 맙니다.

모든 가면들은 살아남기 위해 진화한, 어쩌면 참 가여운 가면입니다. 어떤 가면을 썼든 결국엔 허무해집니다. 밖에서 사람들과 만나 술잔을 기울이거나 끝없이 수다를 떨며 대화를 주도하다가도 집에 들어선 순간 마음이 텅 비어버리는 거죠. 아무리 강한 척, 쿨한 척하는 사람도 허한 마음이 들기는 마찬가지입니다. 결국 혼자 있을 때조차 자신의 맨 얼굴을 어색해합니다. 가면을 쓰는 사람들은 고요를 견디기 어려워해요. 어두운 밤이 찾아와 자기만의 시간이 주어져도 휴대폰만 들여다봅니다. 끊임없이 다른 사람들은 어떻게 사는지 궁금해하죠. 가면을 벗은 나의 맨 얼굴을 멋쩍어하며 피하려 합니다. 마주하려 하지 않습니다.

내 기분이 어떤지,
내가 가진 열등감을 어떻게 다뤄야 하는지,
내 상처와 자존감에 어떤 태도를 보여야 하는지
생각할 시간을 애써 외면합니다.

고요하게 홀로 자신의 맨 얼굴을 바라보는 과정이 너무 낯선 거죠. 그래서 필요 이상으로 사람을 만나고 과도하게 일에 열중합니다.

가면을 쓰지 않겠다고 다짐한 사건이 하나 있습니다. 어렸을 때 세상 모든 가치를 판단하는 기준이 공부를 잘하느냐 못하느냐였습니다. 가족 중에 대학을 간 사람이 아무도 없었기 때문에, 막내인 제가 꼭 대학에 들어가야 한다는 부담이 있었습니다. 누가 강요한 것은 아니지만 혼자 그 무게감을 지고 있었습니다. 그런데 대학 시험에 떨어졌고, 어머니마저 대학에 떨어진 저를 한심하게 보는 것 같았습니다.

'엄마는 내 인생의 마지막 보루였는데…, 엄마가 나를 사랑하는 느낌이 나를 살게 했는데….'

더 이상 미래가 보이지 않았어요.

정신을 차리고 보니 늦은 밤, 바닷가 방파제 앞에 서 있었습니다. 죽고 싶다는 말을 직접 입 밖으로 꺼내진 않았지만, 그때 저는 모든 걸 다 포기하고 싶었어요. 제 짧은 경험으로는 사람은 죽으려고 죽는 게 아닙니다. 죽어야지, 이렇게 결심하는 것이 아닙니다. 죽음으로 몰고 가는 무언가가 어느 순간 안개처럼 덮치는 것이었습니다. 저 역시 어떤 환경과 상황이 짙은 안개처럼, 어두운 구름처럼 저를 덮쳐오는 느낌을 받았습니다.

죽기 전에 그래도 친구에게 말은 하고 가야겠다는 생각에 전화를 걸었습니다. 실은 위로받고 싶은 마음이 컸어요.

"나…, 대학도 떨어지고 부모님께 실망만 드리는 것 같아. 그래서 지금 바다에 와 있는데…."

이런 말들을 주절주절 늘어놓았습니다. 저는 친구가 이렇게 말해주길 바랐던 것 같아요.

"너 지금 어디야, 무슨 일 있어? 기다려! 내가 갈게!"

그런데 친구는 자다가 전화를 받았는지 비몽사몽한 목소리로 "야, 창옥아. 너 평소에 하던 대로 해"라고 하더군요. '죽으려는 사람한테 하던 대로 하라고? 그게 할 소리야?' 하는 생각이 드는 동시에, 어이가 없고 화가 났습니다. 바로 저 자신에게요.

그동안 친구에게 속마음을 얘기해본 적이 단 한 번도 없었습니다. 친구는 늘 밝은 얼굴의 가면을 쓴 저를 봐왔기 때문에 제 말을 심각하게 받아들이지 않았던 것이죠. 친구가 그렇게 반응하도록 제가 만들었던 것입니다. 아무런 문제가 없는 척, 강한 척, 다 괜찮은 척 지내왔던 내가 미웠습니다. 삶과 죽음을 결정하는 이 순간, 위로받고 싶은 이 순간에도 진짜 내 얼굴을 아는 사람이 없다는 사실이, 제가 그렇게 살아왔다는 사실이 창피했습니다. 결국 친구와 다급하게 전화를 끊고 한 걸음, 두 걸음 방파제에서 물러났습니다.

그 후 30년이 흘렀습니다. 지금 생각해보니 이런 것 같습니다. 어떻게 인생을 매일 멋지게 살 수 있나요. 매일을 자존심 구기지 않고, 잘난 맛으로 살 수 있을까요.

힘들어도 강한 척, 울적해도 쾌활한 척,

하나도 상처받지 않은 척하지 않아도 괜찮습니다.

가면 뒤에 가려진 나의 약하고 부족한 얼굴을

가끔은 다른 사람에게 보여줘도 괜찮습니다.

그리고 스스로의 맨 얼굴을 자주 들여다보십시오. 고요히 자신의 맨 얼굴을 바라보다 보면 다른 이의 가면 뒤 얼굴을 이해할 수 있습니다. 혹여 삶을 다 포기하고 싶을 만큼 힘들 때 누군가에게 맨 얼굴을 보여줄 수 있으면 좋겠습니다. 그리고 저도 누군가가 맨 얼굴을 보여줄 수 있는 그런 사람이 되고 싶습니다.

Proposal

권위를 위해서 사납고 무서운 가면을 쓰는 사람들이 있습니다. 그런데 권위와 권위주의를 헷갈려 하는 것 같아요. 둘은 다릅니다.

좋은 권위는 권력과 위력이 아니라 권면과 위로입니다. 권면은 "이렇게 한번 해볼래요?" 하고 권하는 것입니다. 권하고 격려해서 힘을 쓰게 한다는 뜻이에요. 권면했는데 나이 어린 사람이나 후배, 부하 직원에게 통하고, 위로를 했는데 상대의 마음이 열려 눈물을 흘린다면 그가 바로 권위 있는 사람입니다.

권위가 가능하려면 무섭게 말하거나 직위, 직급, 나이를 앞세운다고 되는 것이 아니에요. 실력은 높고 상대를 사랑해야 합니다. 그래야 권면과 위로가 돼요. 보통 실력이 높으면 마음도 높아집니다. 전문 지식은 있지만 상대를 사랑하지는 않는 것이지요.

청년들이 어른을 싫어하는 것이 아닙니다. 나이가 많아서, 선배, 상사, 사장이라서가 아니에요. 무언가 불편하기 때문에 다가가지 않는 것입니다. 생각해봐야 합니다. 내가 실력은 있는데 마음이 높은지, 사람에 대한 적정한 온도가 있는지. 권위 있는 어른이 되고 싶다면 사나운 가면이 아니라 실력을 키우고 자신보다 아랫사람이라 할지라도 섬기는 자세를 가져보시길 바랍니다. 존중했기에 존중받을 수 있습니다.

★

내가 나를 함부로 대할 때 생기는 최악의 상황

당신은 남에게 맞추는 사람인가요, 아니면 할 말 다 하고 털어버리는 사람인가요?

하루는 누나에게서 문자가 왔습니다.

"동생, 누나가 많이 아프다. 사람들이랑 만나면 숨 쉬기 힘들게 가슴이 아프고 눈물만 나고 밤에는 죽을 것처럼 가슴이 답답해. 억울하고 사람 만나는 게 너무 힘들어. 혼자 여행을 좀 다녀올까 해. 시간이 좀 지나고 쉬면 괜찮아질 것 같아."

누나에게 답장을 했습니다.

"오랫동안 숨 참고 살았잖아. 이번에 어디 가고 싶은 데 가서 조금 쉬다가 와."

누나가 푹 쉬고 한결 나아지길 바랐지만 사람들과 관계 맺는 방법을 바꾸지 않으면, 삶을 사는 방식을 바꾸지 않으면 여행 한 번으로는 좋아지지 않을 거라는 걱정이 들었습니다.

누나는 목사의 아내입니다. 남편이 큰 교회의 부목사로 있을 때 혹여나 자신이 그 위치를 누릴까 경계해 고개를 깊숙이 숙였습니다. 그러다 남편이 작은 개척교회 목사가 되었을 때는 신도 한 명 한 명이 너무 귀해서 더 깊이 고개를 숙였습니다. 계속해서 눈치를 보고 맞추며 살았습니다.

그런 사람이 있습니다. 자식일 때는 부모 눈치를 보며 맞추고, 결혼을 해서는 배우자 눈치를 보며 맞추고, 부모가 돼서는 자식에게 맞추는 사람. 그렇게 영혼의 발뒤꿈치를 들고 조심조심 사는 사람.

여러분은 어떤가요? 할 말 못 하고 계속 남에게 맞추는 사람은 세상의 좋은 윤활유 역할, 관절 역할, 디스크 역할을 합니다. 모든 충격을 자기가 다 받고 흡수합니다. 그런데 한도를 넘어가면 디스크가 터져버립니다. 신경이 누리고 고통이 찾아옵니다. 그렇게 마음의 디스크, 영혼의 디스크를 진단받게 됩니다.

허리와 목, 척추가 아파본 사람은 알 것입니다. 몸의 중심이 아프면 모든 것이 고통입니다. 모든 것이 싫어지고 인생의 낙이 없어요. 사는 것도, 먹는 것도, 사람들도 모두 싫어집니다. 그냥 구석에 웅크리고 앉아 있어요. 자꾸 아프다 아프다 말하면 사람들이 지겹다고 할까 봐, 그 말에 또 상처받을까 봐 아프다는 말도 하지 않습니다.

그러니 너무 남에게 맞추고 살지 말고, 너무 착한 사람 되려 하지 말고, 나 편한 대로 사는 연습도 필요합니다. 최근 들어 마음의 병이 찾아왔거나, 마음의 병이 생길 것 같은 징조가 있거나, 영혼의 디스크가 밖으로 빠져나와 모든 것이 귀찮고 자연을 봐도 감흥이 없고 맛있는 음식을 먹어도 맛있거나 고맙지 않고 옷을 사도 기분이 좋지 않고 사람도 만나기 싫다면, 스스로를 애정 어린 마음으로 돌봐야 할 때입니다.

나는 어떻게 여기까지 왔는가.
나는 사람들과 어떻게 관계를 맺는가.
그리고 가장 중요한 것은,
나는 나 자신을 어떻게 대하는가.

어느 날 내가 없는 것 같고 내 역할만 있는 것 같다는 생각이 찾아오기 전에, '그렇다면 나는 누구지?'라며 허무함이 찾아오기 전에 자신을 살펴야 합니다. 제가 항상 강조하는 것이 있습니다. 가장 좋은 것을 나에게 주십시오. 사랑과 애정, 관심, 좋은 음식, 좋은 음악, 좋은 책…. 나를 함부로 대하지 말고, 세상에서 가장 아껴주시길 바랍니다.

★

나는 맞는 말을 했는데 왜 상대방은 기분 나빠할까?

얼마 전 고용노동부에서 근무하고 있는 한 공무원을 만났습니다. 삼십 대 초반의 주무관님은 민원인을 대하는 데 어려움을 겪고 있다고 고민을 털어놓으셨어요. 고용노동부 특성상 직업과 관련된 민원이 들어오고 직업은 생계와 직결되어 있다 보니, 마음에 여유가 없는 분들을 상대하게 되는 경우가 많다고 하더군요. 월급을 제때 받지 못해서, 강제로 회사에서 잘려서 등등 한껏 날이 선 상태로 찾아오는 분들이 대부분이라 무작정 화를 내는 분도 간혹 있다고 합니다. 이럴 때 소통에 난처한 경우가 생기는데 이런 분들에게 어떻게 하면 해결방안을 잘 안내해드리고 도움이 될 만한 정책을 소개할 수 있을지 고민이 된다고 하셨어요.

저는 그분의 말을 듣고 예전에 한 생명보험 회사에서 상담사들을 대상으로 강연을 했을 때가 떠올랐습니다. 상담사분들의 일부 통화 내용을 듣고 교정을 해주는 시간을 가졌는데요. 서비스직에 종사하시는 분들은 대부분 '솔' 음정으로 고객을 대하라는 교육을 받습니다. '친절, 봉사, 미소'를 지키며 하루에도 수십 명을 상대해야 하는 상담사의 고충은 실로 어마어마했었죠. 비슷한 문제와 애로사항이 반복되면 관성에 빠진 상태로 상담을 하게 됩니다. 평소처럼 한 상담사분이 사망사고가 난 유가족과 상담을 진행했습니다. 생명보험이라고 해서 모든 사망사고를 다 보장할 수 있는 건 아니기에 계약서에 명시된 내용을 친절한 목소리로 하나하나 설명했습니다.

"고객님, 그런 사망사건은 보장이 안 되겠습니다."

그랬더니 전화기 너머에서 이런 대답이 들려오더군요.

"아니, 당신은 가족이 죽었는데, 어떻게 그런 목소리로 웃으면서 말할 수가 있어요?"

그래서 상담사가 다음번 전화에는 음정을 '미'에 맞춰서 통화를 했습니다. 그랬는데도 똑같이 화를 내는 겁니다.

"다른 사람 바꿔봐. 높은 사람 나오라고 그래!"

목소리 톤도 바꿔보고, 규정을 친절하게 설명했는데 이런 반응이 돌아오니 어찌해야 할지 모르겠다고 토로했습니다. 이후 비슷한 상황을 접한 다른 상담사의 케이스를 들었습니다. 처음 고객의 전화를 받은 상담사는 교육받은 대로 '솔' 톤으로 전화를 받았지만 고객의 이야기를 듣고는 목소리 톤을 낮췄습니다. 타닥타닥 키보드 소리가 난 이후 상담사는 차분히 말을 이어갔습니다.

"고객님, 죄송합니다. 저희가 도와드릴 수 있는 방법이 있다면 좋을 텐데, 지금 같은 경우에는 해당이 되지 않아 지급이 어렵습니다. 죄송합니다."

침묵이 조금 흐른 뒤 상담사는 머뭇거리며 더듬더듬 한마디를 덧붙였습니다.

"힘내세요."

상담원의 말투가 아닌 한 유가족의 이야기를 들은 평범한 사람의 말투였습니다. 그 말을 들은 고객은 울면서 이렇게 말했습니다.

"고맙습니다. 여기 전화해서 힘내라는 말을 들을 줄은 몰랐어요. 정말 감사합니다."

두 명의 상담사 모두 자신의 일에 최선을 다했습니다. 주어진 규정에 따라 일을 했고 고객에게 정확한 정보를 전달하기 위해 노력했습니다. 진심의 한마디가 달랐을 뿐입니다. 일과 나 사이에 어느 정도 거리를 유지하며 냉정하게 판단해야 하는 경우도 많습니다. 모든 일에 진심을 다하기란 어렵겠지요.

우리는 회사나 집단 안에서, 그리고 커다란 사회의 틀 안에서 살아가고 있습니다. 그 안에서 '이게 맞는 말이니까, 이렇게 할 수밖에 없으니까'라는 생각에 갇혀 나도 모르게 상처를 주기도 하고 상처를 받기도 합니다. 하지만 딱딱한 규정 속에서도, 옳은 규칙 속에서도 마음을 전했을 때 생각지도 못한 긍정적인 결과가 나오기도 합니다.

아무리 좋은 말, 맞는 말, 진리의 말이라고 해도
마음과 마음이 연결되는 말이 가장 힘이 센 것 같습니다.

★

용서받아본 적 있나요?

대파를 보면 단단한 흰 줄기 부분과 녹색 잎 부분이 있습니다. 단단한 흰 줄기 부분은 요리할 때 더 다양하게 쓰이고 영양분도 훨씬 풍부하다고 하더군요. 한번은 파밭에 일손을 도우러 간 적이 있습니다. 제가 갔던 농장의 파는 희한하게 흰 부분이 유독 길었습니다. 농장 분들께 이유를 물었습니다. 답은 이러했습니다.

"저희는 파가 자라 단단한 흰 부분이 보일 때마다 부드러운 흙을 계속해서 덮어줍니다. 이 일은 기계로 할 수 없어서 파가 망가지지 않게 일일이 손으로 덮어주지요. 파밭 전체에 흙을 돋우는 것이 쉽지 않은 일이지만, 이렇게 해야지만 파의 흰 부분이 더 길고 튼튼하게 자랍니다."

그분의 설명을 들으며 저는 이게 '용서'에 관한 이야기 같다는 생각이 들었습니다.

어렸을 적, 엄마가 글을 모른다는 이유로 엄마에게 여러 번 거짓말을 한 적이 있었어요. 영한사전을 사야 한다고 용돈을 받고, 또 2주 뒤에는 한영사전을 사야 한다는 식이었죠. "너 저번 주에 사전 안 샀어? 뭐 산다고 했잖아"라고 하시면 "엄마, 그건 영한이고 이번은 한영이야. 그리고 다음 주에는 프라임사전 사야 되니까 돈 좀 더 줘"라며 돈을 더 받아내곤 했습니다. 받은 돈으로 오락실을 갈까, 뭘 사 먹을까 하며 이번에도 엄마를 완벽하게 속였다고 속으로 쾌재를 불렀습니다.

부모 입장이 되고 보니 그때 엄마가 저를 보았던 눈빛이 슬며시 기억이 납니다. 부모 눈에는 아이의 거짓말이 훤히 보입니다. 크게 혼내서 버릇을 잡을까 생각하다가도 '이번만 봐주는 거야'라는 눈빛으로 아이의 눈을 가만히 바라보고는 이내 속아줍니다. 엄마도 저를 그렇게 바라봐주셨다는 걸, 그냥 모른 척해주셨다는 걸 어른이 되어서야 알게 되었습니다. "어디서 엄마를 속이려 그래?"라는 말을 삼키고 거짓말을 꾸짖지 않고 덮어주셨다는 사실을요. 나의 부끄러움을, 나의 수치심을, 나의 연약한 부분을 부드러운 흙으로 덮어주셨기 때문에 내가 이렇게 단단하고 튼튼한 사람으로 성장할 수 있었구나, 생각하게 됩니다. 사랑하는 자식이 부끄러움이나 수치심, 또는 죄책감을 느낄까 봐 눈감아준 엄마의 마음을 이제는 이해할 수 있습니다.

살다 보면 속살이 드러나는 것 같은 순간이 있습니다. 감추고 싶고, 들키고 싶지 않은 순간이 오죠. 그래서 누군가를 속이게 되고, 치부를 감추려 애를 씁니다. 상처받기 쉽게 약해져 있는 순간을 경험하지 않은 사람이 과연 있을까요? 그때 누군가에게 이해받고, 너그럽게 용서받아본 사람과 그렇지 못한 사람 사이에는 작은 간격이 벌어집니다.

자신이 저지른 잘못을 용서받아보지 못한 사람은, 누군가 나를 속이려 하거나 실수를 저질렀을 때 그의 허물을 오히려 들춰내고, 탓하며, 그의 과오를 비웃습니다. 많은 사람들 앞에서 망신을 주기도 하죠. 내가 용서받아본 적 없으니까, 누군가 나의 허물을 덮어준 적 없으니까, 똑같이 그렇게 합니다.

반대로 내가 조금 손해를 보더라도 상대방을 위해 실수와 흠집을 눈감아줄 수 있는 사람은 아마 단 한 순간이라도 본인이 따뜻하게 위로받았거나 용서받아본 경험이 있기 때문일 것입니다. 부모님이나 선생님, 또는 친구였을 수도 있겠죠. 헐벗은 것같이 춥고 시리고 부끄러울 때 누군가 따뜻한 담요를 덮어주었던 순간이 삶에 있었던 것이지요.

제 이야기를 듣고 위로를 받은 분들이 계시다면, 제 이야기가 포근한 담요처럼 다가오신다면, 그건 아마도 제가 어머니에게 따뜻한 덮음을 받아보았기 때문일 것입니다.

따뜻한 흙으로, 내가 좀 더 튼튼히 자랄 수 있게끔 나의 약한 부분을 덮어준 이들이 있었기에 지금의 우리가 이만큼 자랄 수 있었습니다. 그러니 꽁꽁 감춰두려는 누군가의 속살을 들춰내기보다 순하고 부드러운 마음으로 눈감아주는 시간이 필요하지 않을까요. 우리의 작은 배려로 누군가는 그 시간동안 한 뼘 더 단단하게 자라고 있을지도 모르겠습니다.

용서받아본 적 있는 사람은 용서할 수 있습니다.
사랑받아본 적 있는 사람이 사랑할 수 있듯이 말이지요.

★

사는 게 힘들 때 소통의 다리를 만드세요

제주가 고향이라고 하면 대부분의 반응은 '부럽다'입니다. 아름다운 경관과 천혜의 자연을 누리며 자랄 수 있었다니 정말 부럽다고요. 그런데 섬에서 나고 자란 사람들은 고향을 벗어나고 싶어 하는 경우가 많습니다. 옛날 사람일수록 그러합니다. 문화나 교육의 혜택을 누릴 기회도 적었고, 육지와 뚝 떨어져 답답한 느낌을 받았으니까요. 사면이 바다로 둘러싸여 있다는 사실에 더욱 고립감을 느꼈습니다.

지금은 높은 건물이 많이 생겼지만, 예전에는 제주시에서 '칼호텔'이 가장 높았습니다. 어린 저는 칼호텔 너머에 서울이 있다고 생각했습니다. 항상 서울로 떠나고 싶다는 생각뿐이었어요. 하지만 떠날 수 없었죠. 비행기 티켓값은 비쌌고, 설령 섬을 벗어난다 해도 이곳을 한번도 떠나본 적 없는 제가 어디가 어딘 줄 알고 갈 수 있었겠어요.

그랬던 제가 꿈에 그리던 서울로 올라와 일도 하고 가정도 이루고 살게 되었는데, 지금은 반대로 다시 제주로 돌아와 지내고 또 여러 섬들을 일부러 찾아다니기도 합니다. 참으로 인생은 알 수 없습니다. 섬이 너무 싫어서 탈출하듯이 벗어났으면서 왜 다시 섬으로 돌아가려 하는 걸까요.

얼마 전 백두산 호랑이가 나오는 한 다큐멘터리를 보고 그 이유를 알게 되었습니다. 수컷 호랑이가 사냥을 하다 다쳐서 다리를 절뚝거립니다. 아무리 최상위 포식자인 호랑이라도 걸려 넘어져 다칠 수 있습니다. 사냥감의 반격에 상처를 입을 수도 있습니다. 사람도 마찬가지예요. 아무리 열심히 운동하고 공부 잘하고 돈이 많고 권력이 있고 인기가 많아도, 삶에서 부상을 입을 수 있습니다. 사고가 날 수도 있고, 실수할 수도 있고, 사람들로부터 공격받을 수도 있고, 병이 찾아올 수도 있습니다. 다친 호랑이는 고통스러워하다 자신을 치료할 방법을 찾습니다. 깊숙한 숲이나 동굴로 들어가 먹지도 않고 가만히 있는 것이지요. 고른 호흡으로 쉬면서 천천히 병을 치료합니다. 호랑이의 모습을 보며 제가 다시 섬으로 돌아가려는 이유도 이와 비슷하다는 생각이 들었습니다.

지금까지 강연을 다니면서 제가 대략 몇 명의 사람을 만났는지,

몇 번의 강연을 했는지 헤아려보았습니다. 횟수로는 약 8천 번, 현장에서 직접 만난 사람은 대략 350만 명 정도였습니다. 보통의 사람들보다 훨씬 많은 사람을 만나고, 다양한 사람들 앞에 섰으며, 함께 일하는 사람들도 다종다양했습니다. 그런 와중에 알게 모르게 제 몸에도 여기저기 상처가 나 있더군요.

호랑이가 상처를 치유하기 위해 들어갔던 동굴처럼 저도 아프고 힘들 때 제 한 몸을 누일 곳이 필요했습니다. 그곳이 바로 섬이었습니다. 바쁘고 복잡한 서울을 떠나, 수없이 마주하는 사람들을 뒤로 한 채 지친 나를 오롯이 위로할 수 있는 곳이 섬이었습니다.

섬이 있어 다행이었습니다. 가장 슬픈 동물은 다쳐서 동굴에 들어간 동물이 아닙니다. 자기 동굴이 없는, 자기 숲이 없는 동물입니다. 가장 슬픈 호랑이는 다친 호랑이가 아니라 자신의 몸을 안전하게 뉘이고 자신의 호흡대로 숨을 쉴 수 있는 동굴과 숲이 없는 호랑이입니다. 저는 그래서 섬을 찾게 되었습니다.

제주도는 태풍이 오거나 기상상황이 악화되면 비행기가 결항이 되기도 해서, 날씨에 상관없이 차로 이동할 수 있는 섬으로도 종종 떠나기 시작했습니다. 전라남도 신안군은 무려 1,004개의 섬으로 이뤄져 있습니다. 섬들끼리 연결된 다리가 있어 육지에서 배를 타지 않고도 섬으로 갈 수 있습니다. 고립되지 않고 언제든 육지와 연결될 수 있는 섬이지요. 캠핑카를 타고 저만의 동굴 같은 섬을 찾아다니는 게 요즘 저의 즐거움이 되었습니다. 섬에 가서 차 한잔을 마시거나, 라면을 끓여 먹거나, 아무 곳에서나 잠시 멈춰 서서 멍하니 자연을 바라보고는 합니다. 그러다 언제든 다시 다리를 건너 제가 있던 곳으로 돌아올 수 있으니 그리 고독하지도 않습니다.

내 삶이 고립된 섬처럼 느껴질 때가 있습니다. 스스로 이 섬을 나갈 자신도 없고, 그렇다고 누가 찾아와주지도 않을 것 같아 두려울 때가요. 나를 지켜주는 공간이 오히려 나를 외톨이로 만들기도 합니다. 그때 다리가 있다면, 용기 내어 건너갈 수 있는 다리가 단 하나라도 있다면 어떨까요? 그럼 우리는 상처 입은 몸과 마음을 스스로 치유할 수 있는 힘을 기르는 동시에 가끔은 누군가에게 의지할 수 있는 용기를 내볼 수도 있을 것입니다.

우리는 모두 하나의 섬과 같은 사람들입니다.
그리고 그런 섬과 섬이 모여 아름다운 경치를 만들어냅니다.
섬과 섬 사이에 다리를 놓을 수 있다면
우리 인생은 그저 아프거나 쓸쓸하지만은 않을 것입니다.

상처를 처리하는 방식은 사람마다 다르겠지만 소통의 다리, 교류의 다리를 하나씩 놓아 너무 외롭지 않게 자신을 돌볼 수 있었으면 좋겠습니다.

★

연애도 이별도 잘 하는 방법

만나는 것도 어렵고, 헤어지는 것도 어렵습니다. 나와 맞는 좋은 사람을 만나는 것도 어렵지만, 더 중요하고 어려운 것은 잘 헤어지는 일입니다.

인간관계에서 생기는 문제는
만나지 못해서 생기는 문제보다
헤어져야 할 시기이고 헤어져야 할 상황인데
헤어지지 못해 생길 때가 훨씬 많습니다.

우리는 만남, 특히 연애에 너무 묵직한 무게를 두는 경향이 있습니다. 연애는 캐주얼하게 하는 것을 추천합니다. 연애는 이 사람을 열렬히, 목숨을 다 바쳐 사랑하는 것이 아니라, 이 사람을 사랑할 것인지 아닌지 알아가는 과정이라고 생각합니다.

그렇다면 사랑이라는 것은 도대체 무엇일까요? 제가 생각하는 사랑이란, 그 사람의 짐을 나의 어깨에 함께 지는 것입니다. 나와 어울리는지, 나와 성향이 잘 맞는지도 중요합니다. 하지만 이 사람과 함께 짐을 질 각오와 의지, 감정이 있는지도 중요합니다. 그 모든 것을 알아가는 과정이 연애입니다.

강연 중에 이런 사연을 남기신 분이 있어요.

'사랑은 하는 것 같은데 결혼은 망설여집니다.'

맞습니다. 사랑하지 않는 게 아니라 현실을 넘을 수 없는 만큼 사랑하는 것입니다. 상대가 나의 짐을 나누어 질 생각이 없고, 나 또한 그의 짐을 나누어 질 의지가 부족하다면 예의를 갖춰 말해야 합니다.

"나는 당신의 짐을 질 의지나 감정이 아직 없습니다."

짐을 함께 나누어 지지 않으면 사랑을 지속하기 어렵습니다. 사람들은 흔히 '이 사람 나랑 안 맞아'라고 이야기하는데, 나와 안 맞는 것이 아니라 나와 맞지 않는 그 부분을 나누어 질 의지가 지금 내게 없는 것입니다. 그리고 그것은 나쁜 것이 아니에요. 그것은 온전히 자신의 선택이에요. 좋은 선택을 하기 위해서 많은 사람을 만나봐야 하는 이유이기도 하고요.

그러니 만났다 헤어졌다고 해서, 한 번, 두 번, 세 번, 네 번 이별해봤다고 해서 나의 가치가 떨어졌다거나 내 영혼에 상처가 났다고 생각하지 마십시오. 삶을 알아가는 과정입니다. 이별했다고, 이혼했다고, 파혼했다고 자신에게 문제가 생겼다고 생각하지 마세요.

삶을 경험하고 있는 것뿐입니다.
물론 아픔은 있습니다.
아픔이 있다 해서 그 아픔을
우리의 존재 안으로 갖고 들어오지는 마세요.

많은 사람들이 연인에게 사랑을 받으려 하고 버림받지 않으려 합니다. 하지만 사랑은 받는 것도 주는 것도 아닙니다. 사랑받고 싶다, 사랑을 준다, 심지어 사랑을 베푼다…. 모두 어폐가 있습니다. 사랑은 '하는' 것입니다. 주체적인 인간으로서 내가 가치를 느끼는 것에 마음과 에너지를 쓰는 것이에요. 이것이 사랑입니다. 사랑의 주체는 나 자신이에요. 내가 어떤 사람을 알아보고 만나보는 것이에요. 그러다 잘 안 될 수도 있고 어느 선에서 한계를 느낄 수도 있어요. 그럴 때는 현 상태를 인정하고 예의를 갖춰 이별할 수 있어야 합니다. 그 과정을 통해 스스로 건강하게 바로 설 수 있습니다.

그런데 많은 이들이 결핍을 채우기 위해 사랑을 받거나 사랑을 주려고 합니다. 외롭다고, 내 안의 어딘가 비어 있다고 성급하게 사람을 만나지 마십시오. 혼자 있어도 괜찮을 때 사랑을 하십시오. 그리고 그의 짐을 나누어 질 마음과 의지가 생기지 않는다면 그땐 건강하게 헤어지십시오. 비록 아픔이고 상실이지만, 실패도 흉도 아닙니다.

Proposal

제가 자주 하는 말이 있습니다.

배고플 때 장보지 말라는 말과 저녁에 의자를 사지 말라는 말. 배가 고플 때 장을 보면 불필요한 것들을 많이 사게 됩니다. 저녁에 의자를 사러 가서 의자에 앉으면 하루의 피곤함을 가득 안고 있는 나의 몸은 모든 의자를 편안하게 느낍니다. 그리고 덧붙여 말합니다. 외로울 때 아무나 만나지 말라고요.

삶에서 만나는 많은 문제들은 '선택'에 의해 일어납니다. 뭔가를 선택하고 나서 뒤늦게 후회하고 스스로 원망합니다. 그때 그 선택을 하지 말걸, 하고 말이지요. 배고프거나 피곤할 때 선택하는 것은 적절하지 않습니다.

너무 목마르고 너무 배고플 때 급히 먹으면 탈이 날 수 있습니다. 그러니 얼추 배가 고플 때 챙겨 드시고, 목마르기 전에 물을 마셔야 합니다. 외로울 때도 적당한 고요의 시간을 가지되 외로움에 함몰되기 전에 건강한 연결을 시도하십시오.

★

당신이 부모님을 찾아가지 않았던 솔직한 이유

개인적으로 인간관계와 소통에 가장 관심을 기울입니다. 그 부분이 스스로 부족하다고 생각하기 때문에 채우고 치유하려고, 관찰하고 공부하고 깨치고 이야기하며 나누는 것입니다. 관계 맺기에 서툴러서, 불통을 너무 오래 경험해서 저는 인간관계와 소통을 주제로 강연을 하는 사람이 되었습니다. 어쩌면 참 아이러니한 일입니다.

부모님과 관계가 좋은 분들을 보면 명절이나 특별한 날이 아니더라도 아무렇지 않게 전화를 걸고 시간이 나면 불쑥 찾아뵙기도 합니다. 부모님 생신이나 추석이 아니더라도 "그냥 지나가다 생각나서 들렀어요", "뭐하시나 궁금해서 전화해봤어요"라며 평소에도 연락을 하고 찾아뵙습니다. 그런데 부모님과 사이가 서먹서먹한 분들을 보면 특별한 날에만 찾아갑니다. 어쩌다 한번 댁에 가서는 핑계를 대며 금방 돌아가려고 하죠. "차가 막혀서요", "내일 출근을 해야 해서 일찍 가봐야 할 것 같아요"라며 부랴부랴 떠날 준비를 합니다. 어렸을 때는 어쩔 수 없이 함께 살 수밖에 없었다면, 성인이 되어 독립하니 부모님과 있는 시간이 더 불편해진 것이죠. 저는 후자에 가까웠습니다. 특별한 일이 아니고서는 가족과 잘 모이지 않았고, 연락도 어쩌다 한번 드리는 정도였으니까요.

부모와 자식관계가 꼭 출렁다리와 비슷하다고 느끼게 된 때가 있습니다. 출렁다리는 건너가기 위한 목적보다는 관광지 명소로 존재하는 경우가 많죠. 바다, 산, 호수 등 주변 경치가 좋은 곳에 출렁다리가 놓여 있습니다. 걸음마다 흔들리는 긴 다리를 건너기 위해 많은 사람들이 모여듭니다.

"다리 끊어지는 거 아니야?"

무서워하기도 하지만, 결국엔 안전할 거라는 믿음이 있으니 끝까지 건널 수 있습니다. 출렁대는 다리가 오히려 리듬감 있게 느껴지고요. 다리 위에서 스릴도 즐기고 주변 경치를 감상하고 시원한 바람을 맞기도 하면서 무사히 즐겁게 건너갔다 다시 돌아옵니다.

부모와 자식은 출렁다리를 사이에 두고 살아갑니다. 서로가 서로에게 건너가기 위해선 어느 정도의 흔들거림을 감수해야 합니다. 하지만 다리가 너무 심하게 흔들린다면 우리는 서로에게 건너갈 수 없습니다. 건널 때마다 아슬아슬하니까 반대편으로 넘어갈 이유가 생기지 않으면 아예 건너가지 않습니다. 불안한 다리가 되어버렸으니 건너는 것 자체로 상당한 에너지가 필요하기 때문이죠. 소통을 할 때마다 어딘가 불안하고 심하게 마음이 요동치니, 꼭 필요한 대화나 용건만 주고받는 사이가 되어버립니다. 출렁다리를 건너는 것이 마치 외줄 타기를 하는 것처럼 느껴져요.

좋은 관계는 목적이 없어도 계속 이어가려고 합니다. 관계의 다리가 좋으면 건너는 것 자체로 즐거워요. 시시콜콜한 대화도, 별것 없는 사소한 일상도 덩실덩실 교류합니다. 특별한 의도나 긴장감 없이 관계가 이어집니다. 특히 가족 안에서 이런 관계가 유지되려면 보기보다 큰 노력이 필요합니다. 안정감을 바탕으로 한 흔들거림, 즉 갈등상황은 쉽게 해결하기 위해 서로를 존중하는 말투, 예의 있는 태도, 상대의 이야기에 귀 기울이는 자세가 필요합니다. 그런데 가족이기 때문에 이러한 관계의 기본을 간과하는 경우가 많습니다.

'가족은 괜찮아, 가족이니까'.

'가족이잖아. 이해해야지.'

가족에 대한 기본 인식이 조금 어긋난 것은 아닐까요? 존중과 예의, 배려가 가족 안에서 지켜지지 않으면 작은 갈등상황에서도 관계가 크게 요동치게 됩니다.

소통의 가장 큰 오류는 무례함입니다. 가까운 관계일수록 의식하지 않으면 무례를 범하기 쉽거든요. "내가 엄마니까", "내가 아빠니까", "내가 널 아니까", "너 잘되라고 하는 말이니까", "널 사랑하니까" 하며 툭툭 내뱉는 말들은 비록 사실일지라도 서로를 인정하고 배려하는 상황에서 이뤄지지 않으면 관계를 해치는 말이 됩니다. 소통에서 중요한 건 지혜나 지식을 전달하는 게 아닌 예의와 배려, 그리고 따뜻한 시선을 전하는 것에 있습니다. 아무리 대단한 진리나 통찰을 전달하고 싶어도, 예의에서 어긋나지는 않는지 살펴봐야 합니다.

예의 없는 사랑이
가장 폭력적입니다.

출렁다리는 건널 때 비로소 의미가 생깁니다. 가까운 사이에 놓여 있는 출렁다리를 유연하고 즐겁게 건너기 위해서는 서로를 향한 존중과 예의가 있어야 합니다. 여러분 앞에는 어떤 출렁다리가 놓여 있나요?

Proposal

부모의 역할에 대한 질문을 항상 받습니다.

제가 봤을 때 부모의 역할은 응원단장입니다. 어차피 아이의 고유한 지점을 부모가 알 수 없습니다. 부모도 모르고, 아이도 모릅니다. 인생은 사실 그 지점을 찾아가는 재미난 여행일지도 모릅니다. 그러니 컨설턴트나 보스가 되지 마시고, 아이가 여행을 잘 할 수 있도록 열심히 응원봉을 흔드는 응원단장이 되시길 추천합니다.

아이가 배워야 하는 것은 어느 길이 안전한지가 아닙니다. 길을 선택하고 걸어가는 삶의 주체자가 자기 자신이라는 것을 배워야 합니다. 자신의 뼈로 서서 인생의 주인이 되는 것, 부모는 자녀 스스로 그 힘을 키울 수 있게 도와주는 사람입니다.

"실수해도 괜찮다. 곁에서 내가 도와줄게. 실패해도 너는 소중해."

이런 응원이 있다면 아이는 슬럼프가 와도, 넘어지는 날이 와도 툭툭 털고 일어나 다시 자기 길을 걸어갈 것입니다. 부모도 누군가로부터 응원을 받아야 해줄 수 있습니다. 자신의 부모로부터 받지 못했는데 다음 세대에게 하려니까 잘 안 되는 것입니다. 애써야 하고 억지로 하려니까 잘 안 됩니다. 그러니 부모 스스로 건강해야 합니다. 스스로에게 관용적으로 대해주시고, 좋은 걸 주십시오.

★

적정 거리 유지

지구 종말은 상업 영화의 단골 주제입니다. 바이러스가 지구를 장악하기도 하고, 먼 우주에서 행성이 떨어지기도 합니다. 달이 지구에 가까이 다가오기도 하지요. 달과 지구의 거리는 평균 38만 4천 킬로미터라고 해요. 어느 정도의 거리냐면 태양계의 모든 행성을 나열해도 남을 정도라고 합니다. 달이 지구에 가까워지면 달의 인력이 강해져서 해수면이 상승하고 밀물과 썰물의 차가 무섭도록 커지는 등 지구에 재앙이 시작됩니다. 달과 지구는 지금의 위치에 있을 때 서로를 지키며 아름다울 수 있습니다.

저는 사람도 하나의 행성과 같다고 생각합니다. 행성과 행성은 서로 각각의 에너지를 가지고 각자의 자리에 있습니다. 지구와 달이 너무 가까워지면, 지구가 종말을 맞이하듯이 사람과 사람 사이도 마찬가지입니다. 서로 너무 가까워지면 관계에 종말이 옵니다. 왜냐하면 에너지와 에너지는 반드시 부딪히게 되어 있거든요.

인간관계에서 '적정한 거리'는 정말 중요합니다. 적정한 거리가 적절한 온도를 만들어내거든요. 태양과 가장 가까운 수성은 너무 뜨겁습니다. 두 번째로 가까운 금성도 생명체가 살아가기엔 너무 뜨겁습니다. 네 번째로 가까운 위치에 있는 화성은 반대로 너무 춥습니다. 지구. 세 번째로 가까운, 이 적절한 위치에 있는 지구에서만 생명이 탄생하고 살아갈 수 있습니다. 적정한 거리는 절대적인 기준이 아닙니다. 관계에서 말하는 '가까움'의 기준은 모두 다르기에 각각의 관계에 맞는 적정 거리를 파악하는 것이 매우 중요합니다.

우리는 때론 너무 갑자기 다가가려고 하거나, 갑자기 멀어지려고 합니다. 어느 날 서먹하게 지내던 남편이 아내와 가까워지려고 느닷없이 살가운 말을 건넵니다. 사춘기에 접어든 딸과 거리를 좁히려고 아버지가 뜬금없이 가족회의를 엽니다. 오히려 에너지와 에너지가 부딪혀 행성간 폭발이 일어납니다.

어떤 부모는 자식과 거리감을 너무 못 맞춥니다. 특히 남편과 관계가 좋지 못한 아내는 아들에게 따뜻한 햇살을 받고 싶어 너무 가까이 다가갑니다. 남편을 대신하는 아들은 착한 아들로만 살아갑니다. 이럴 때 저는 아들에게 문제가 있거나 엄마에게 문제가 있다고 말하지 않습니다. '사이'에 문제가 있다고 해석합니다. 아들과 엄마 사이의 거리를 서로 인정하고 존중해주지 않아서 생긴 문제이지요.

우리가 흔히 하는 오해가 있는데요. 가까워야만 좋은 사이라고 생각하는 것입니다. 소통이라는 것이 늘 말이 통하는 것은 아닙니다. 진정한 의미의 소통은 서로의 적절한 거리와 공간을 인정해주고 그대로 놔두는 것입니다. 늘 말이 찰떡같이 통하고, 대화를 핑퐁핑퐁 주고받는 것만이 소통은 아닙니다. 때론 아이가 방문을 닫고 싶을 때 그 방문을 열지 않고, 혹여나 열 때는 노크를 하면서 아이를 존중하고, 기다려주는 것도 소통입니다.

부부 사이도 마찬가지입니다. 적정한 거리가 유지되어야 오래 갈 수 있습니다. 너무 가까이 붙으면, 가까이 가서 오히려 멀어져버립니다. 저는 개인적으로 이렇게 생각합니다. 중요한 것은 같이 사는 것이 아니라, 어떤 모양으로 살 것인가라고요.

이를 위해서 선행되어야 하는 것이 '홀로 서기'입니다. 거리를 두려면 홀로 서야 합니다. 홀로 서지 못하면 계속 외롭습니다. 누군가와 함께 있어야만 불안하지 않다면 자꾸 거리 조절에 실패합니다. 너무 가까이 다가가서 문제가 생기게 되거든요.

거리두기를 잘하려면 살짝 눈을 감아주는 것도 좋습니다. 결혼 전에는 두 눈을 크게 뜨고 정확하게 봐야 합니다. 저 사람이 어떤 사람인지, 그리고 내가 어떤 사람인지 알아야 결혼을 잘할 수 있습니다. 친구끼리는 눈감아주는 게 훨씬 쉬워요. 그런데 가족끼리는 그게 잘 안 됩니다. 살짝 눈감아주기. 썩 어려운 일은 아닌데 다들 어려워합니다.

사랑하는 관계나 부부관계, 가족관계를 괜찮게 유지하고 싶다면 어쩌면 필요한 것은 '사랑'이 아니라 '나 자신의 건강'입니다. 상대에게는 슬며시 눈을 감아주고, 나에게 집중해보세요. 자신을 건강하게 잘 돌봐서 홀로 단단하게 설 수 있는 힘을 키워야 관계도 잘할 수 있습니다. 내가 스스로 설 수 없다면 그 누구도 나를 서게 할 수 없습니다. 내 힘든 상황을 가장 잘 아는 사람은 사실 아내도, 남편도, 연인도, 자식도, 상담가도 아니고 그냥 나밖에 없어요. 그러니 내가 나를 위로해주지 않으면 나는 계속 외롭습니다. 내가 나의 힘을 키워주지 않으면 나는 계속 누군가에게 의지한 채 살 수밖에 없습니다. 관계는 계속 행성 폭발로 이어지고요. 그러니 관계를 잘하고 싶다면, 힘든 나를 찾아가 위로해주세요. 웅크리고 있는 외로운 나에게 찾아가주세요. 나를 도울 수 있는 사람은 오직 나 자신입니다.

적정 거리를 한 번에 찾을 순 없습니다. 행성 폭발이 일어나기 직전이라면 그 사람과의 '거리'에 대해서 다시 생각해보세요. 너와 내가 너무 춥지도, 또 너무 덥지도 않을 거리가 어느 정도일지 말입니다.

Proposal

카메라로 피사체를 찍을 때 거리가 너무 멀어지면 아예 초점을 잡을 수 없고, 반대로 너무 가까워도 잡을 수가 없습니다. 아무리 사랑해도 서로 간에 적정한 거리가 있는 것이 좋습니다. 우리는 보통 '거리를 두는 것'을 부정적인 의미로 사용합니다. 하지만 가깝기 때문에 멀어질 수도 있는 것입니다.

눈에 보이지는 않지만 인간도 동물처럼 자기만의 뿔이 있습니다. 뿔은 그 사람을 굉장히 멋지게 만들어줍니다. 그를 빛나게 하지요. 그것이 자존심의 뿔이든 열정의 뿔이든 실력의 뿔이든 말입니다. 하지만 그 멋진 뿔이 의도치 않게 상대를 공격할 수도 있습니다. 나를 지키려다 보니 가까운 사람을 공격하기도 합니다. 때문에 가까운 사이일수록 예의를 지키고 서로의 뿔에 상처 입지 않도록 적정한 거리를 두어야 합니다. 편하게 대하는 것, 막 대하는 것, 그것은 절대로 친함의 결과나 증거가 아닙니다. 모든 관계에서 배려와 존중은 필수 중의 필수 요소라는 것을 잊지 마시길 바랍니다.

★

사랑하는 사람을 먼저 떠나보냈다면

사랑하는 사람을 먼저 떠나보낸 경험이 있나요? 미치도록 다시 보고 싶은 사람이 있나요? 먼저 떠난 사람을 생각하면 내가 이렇게 행복해도 되나 하는 죄책감에 시달려본 적 있나요? 어쩌면 제 이야기가 조금은 도움이 될지도 모르겠다는 생각이 듭니다.

음향 공학자를 만나 이야기를 나눌 수 있는 기회가 있었는데요. 대화 중 기억에 남는 이야기가 있습니다. 카페에 가면 음악이 흘러나옵니다. 사람들은 음악 소리를 배경으로 대화를 주고받으면서 음악 소리보다 더 크게 말한다고 합니다. 한 테이블에서 나오는 목소리가 옆 테이블에 전달되면, 옆 테이블은 그 소리보다 더 크게 말하게 된다고 해요. 그 소리가 또 다른 테이블로 전해지고 전해지면서 카페의 전체적인 소리가 커진다고 합니다. 이처럼 소리는 서로 영향을 주고받는다고 합니다.

우리의 말하기도 비슷하다는 생각이 들었습니다. 행복을 나누면 배가 되고 슬픔을 나누면 반이 된다고 합니다. 우리의 말하기가 가진 힘이 바로 여기에 있습니다. 나누고 싶은 이야기든, 꺼내기 힘든 이야기든 우리 안에 있는 이야기를 함께 나누면 분명히 가벼워짐을 느낄 수 있습니다. 슬픔, 서러움, 그리움, 두려움…. 감정들을 제때 잘 표현하지 않으면 고스란히 몸에 스며듭니다. 슬픔이 나를 잠식하고, 그리움이 내가 됩니다.

한 식당에서 우연히 옆 테이블에 앉은 여성분들의 이야기를 듣게 되었습니다. 일부러 들은 것은 아니고, 한껏 상기된 목소리가 테이블 너머로 들려왔습니다. 오늘의 약속을 위해서 다들 신경을 쓰고 나온 것 같았어요. "내 머리 어때?", "나 좀 살찐 것 같지" 같은 소소한 이야기들을 쉬지 않고 나누더군요. 맛있는 걸 먹으며 서로를 칭찬해주고, 재미있는 이야기를 나누며 웃다가 나중에는 자신의 상처를 이야기하기 시작했습니다.

모든 과정이 몸이 헐거나 곪으면 붙이는 고약처럼 느껴졌습니다. 종기에 붙여놓으면 고름을 빼주고 상처의 소독까지 해주는 고약처럼, 그들의 대화는 내면의 상처를 밖으로 빼내주고 있었습니다. 직장에서 힘들고, 가족 문제로 힘들고, 그래서 너무 죽고 싶다는 이야기가 들려왔습니다. 그럼 상대방은 이렇게 반응해줍니다. "그런

얘기 들으니까 내가 더 속상하다", "넌 얼마나 힘이 들겠니", "실은 나도 요즘 비슷한 일들로 힘들어서 너무 공감이 된다" 같은 이야기였습니다. 그렇게 울다가 먹다가 또 웃다가 서로의 속마음을 나누고 있었습니다. 그들의 대화에 근본적인 해결책이나 조언 같은 것은 없었습니다. 다만 서로의 힘든 점을 말하고 들어준다는 사실뿐이었습니다. 하지만 그들은 그날의 대화로 또 하루를 살아갈 힘을 얻고 있었습니다.

기쁜 마음이든 슬픈 마음이든 타인과 공유하는 경험을 자주 해 보셨으면 좋겠습니다. 특히 슬픈 마음은 힘이 셉니다. 혼자 감정들을 견디고 버티는 사람이 우리 주변에 꽤 많이 존재합니다. 저도 그랬습니다. 최근 저희 아버지 건강이 많이 악화되었습니다. 밤에 화장실에 가시다 넘어졌는데 갈비뼈에 실금이 갔습니다. 금이 간 상태로 폐에 농이 찼고, 갈비뼈의 실금 때문에 기침을 제대로 못하니 가래를 뱉어내지도 못해 상황이 나빠졌습니다. 부랴부랴 병원에 입원했지만 아무래도 고령이기도 하시니 마지막을 준비해야 할 것 같다는 연락을 받았습니다.

이별 중 가장 충격적이고 헤어나오기 힘든 것은 가족과의 이별일 것입니다. 많은 경우 헤어짐은 갑작스럽게 찾아오기 때문에 극심한 고통과 슬픔에 빠져 현실을 받아들이기 쉽지 않습니다. 사랑하는 사람을 먼저 떠나보냈다면, 어느 정도의 슬픔은 안고 살아가겠지요. 슬픈 마음이 들 때는 온전히 슬퍼하셨으면 좋겠습니다. 스스로에게 하는 다짐이기도 합니다. 너무 빨리 괜찮아지려고, 얼른 회복해야 한다고 조급해하지 않기로요.

하지만 계속 슬픔 속에 가라앉아 있는 건, 우리를 먼저 떠난 이들이 결코 우리에게 바라는 일이 아닐 거라고 생각합니다.

북아메리카 원주민은 죽음을 이렇게 표현합니다.

"사람은 누군가의 기억에서 사라지면, 그때 죽은 것이다."

그러니 살아 있지만 죽은 사람이 있고, 죽었지만 누군가에게는 살아 있는 사람이 있습니다.

너무도 식상한 말이지만, 우리를 떠난 이들이 바라는 건 적정한 시기에 우리가 다시 각자의 자리로 돌아가는 것입니다. 그리고 자신을 그리워할 힘을 갖는 것입니다. 완전히 방전되어 버리면 그리워할 힘도 추억할 힘도 사라집니다. 너무 힘들면 그 기억과 마주할 자신이 없어져 버립니다. 내 마음과 정신에 힘이 있어야 그 기억을 직면할 수 있고, 먼저 떠난 소중한 이들을 오래도록 마음에 담아 둘 수 있습니다.

사랑하는 사람 또는 사랑하는 반려동물을 먼저 떠나보냈다면 지금 우리에게 힘들어하고 죽을 것 같은 이 시간이 있는 것이 적절합니다. 너무 빨리 이겨내려고 하지 않는 것이 좋습니다. 슬픔은 우리가 사랑했던 이에 대한 최소한의 예의 같습니다. 다만 이 힘듦을 지탱할 수 있는 물 한 모금을 중간중간 축이면서 슬퍼해야지, 물 한 모금 마시지 않고 슬퍼한다면 우리의 몸에 한계가 와 견딜 수 없습니다. 그래서 이렇게 생각하셨으면 좋겠습니다.

'그래, 나 슬프더라도 오늘 동네 한 바퀴는 산책 삼아 돌아야지', '나 하루 종일 울더라도 점심밥은 먹어야지.'

애도하고 슬퍼하되, 너무 참으려 하지 말고 중간중간 한 모금의 물을 마시려고 하십시오.

깊은 슬픔 속에 있다가 조금씩 마음에 힘이 생기면 상실의 경험과 감정을 글이나 대화로 공유해보는 것도 큰 치유가 되어줄 것입니다. 일기를 쓰거나, SNS에 글을 올리거나, 사람들에게 내 이야기를 조금씩 털어놓아 보세요. 나와 비슷한 경험을 겪은 사람들, 비슷한 감정을 가지고 사는 사람들이 하나둘 다가와 그들의 사연을 들려줄 것입니다. 어떤 해결책도 조언도 와닿지 않을 때 그저 서로의 아픔을 이야기하고 들어주는 것만으로 우리는 위로를 받을 수 있으니까요. 슬픔을 이겨내는 것보다 슬픔과 함께 어떻게 살아가야 할지 고민하는 과정이 더 중요합니다.

지금의 힘든 감정이 영원하지 않습니다. 그렇지만 힘든 마음을 기억하기 위해, 그리움을 품기 위해, 소중한 이를 잘 기억하기 위해 우리에게 힘이 생겼으면 좋겠습니다. 삶을 마감하는 그날까지 사랑한 사람들을 더 선명하게 기억하기 위해서라도 삶을 잘 가꿔나가세요.

Proposal

살다 보면 접시가 깨질 때가 있습니다. 건강의 접시가 깨지고 인간관계의 접시가 깨지고 사업의 접시도 깨지도 이미지의 접시도 깨지고 우정도 깨지고 꿈도 깨집니다. 최고로 슬픈 깨짐은 한 존재와의 이별입니다. 그때 우리가 듣고 싶은 말은 무엇일까요.

> 괜찮냐고 진심으로 물어봐주는 것.
> 최소한의 힘을 주는 그 말, '괜찮아? 힘들지.'

배터리가 방전된 사람에게 우리가 해줄 수 있는 것은 그가 힘들다고 말할 때 공감해주고 그의 이야기를 들어주는 것입니다. 해결책을 제시해주거나 더 잘할 수 있다고 기운을 끌어올리려 애쓰는 것은 도움이 되지 않습니다. 그럴수록 영혼의 배터리가 더 떨어집니다. 힘들다고 할 때 거들어주는 것, 그때 그 사람의 배터리가 충전됩니다.
영혼의 배터리가 2퍼센트밖에 안 남았다면, 만약 내가 그런 상태라면 나에게 말없는 위로를 해줄 사람을 찾아가세요. 그 곁에서 고속이 아닌 천천히 저속으로 충전하시길 바랍니다.

★

아버지라는 숙제

저한테는 아주 오래된 숙제가 있습니다. 마음속 깊은 체증 같은 숙제입니다. 제게 딸아이 한 명과 쌍둥이 아들 둘이 있는데 딸하고의 관계는 아주 이상적인 부녀관계예요. 딸아이 이름이 은혜인데, 별로 부른 적이 없는 것 같습니다. 왜냐하면 "공주님"이라고 불렀거든요. 집에 가면 딸이 "아빠" 하며 반겨주고, 저는 "우리 은혜야" 하며 세상 살갑게 받아줍니다. 그런데 쌍둥이 아들이 태어났는데 이 아이들이 누구인지를 모르겠는 거예요. 저는 '아버지'라는 단어를 알지 못하거든요. 부자지간의 정이 없었기에, 아버지와의 관계가 부재했기에, 아버지와 제대로 소통해본 적이 없었기에 아들에게 어떻게 대해야 할지 아예 모르겠는 거예요. 그래서 아들들에게는 말투가 딱딱합니다. 네 살밖에 되지 않은 아이들에게 뭐든 혼자 알아서 하라며 엄하게 대하고 다정하지 않은 말투를 썼습니다. '아버지와 아들'이 무엇인지 몰라서, 어색해서….

자괴감이 들었습니다.

'나는 좋은 아빠가 아니구나. 명색이 소통 강사라고 하면서 이게 뭐하는 짓인가.'

'이건 큰 문제다. 내가 이 숙제를 풀지 않으면 안 되겠구나.'

아들 쌍둥이를 키우면서 점점 아버지와의 묵은 숙제를 해결해야겠다는 마음을 먹게 되었습니다.

제가 의도적으로 딸에게만 잘해주려고 했던 것은 아니었습니다. 딸에게는 제가 어머니께 받은 것이 반사적으로 나간 것이고, 아들에게는 아버지께 받은 것이 그저 반사적으로 나간 것이었지요. 예를 들어 선배가 후배를 때리면서 기술을 가르쳤다면, 후배는 때리고 욕하면서 가르치는 것이 자연스럽다고 느낍니다. 그렇게 수년, 수십 년을 살았으니까. 그래서 자신도 같은 실수를 범합니다. 그게 잘못된 일인지를 모르니까요. 누구한테 특별히 더 잘해주려고 한 적 없고, 누구한테 더 나쁘게 하려고 한 적은 없었지만, 이대로 있으면 더 큰 문제가 생기겠다 싶었습니다.

연기를 하기 시작했습니다. 어색하지만 아들들 머리도 만지면서 쓰다듬어주고, 지방 강연으로 집에 늦게 들어갈 때면 딸하고만 하던 영상통화에 아들들도 불러서 얼굴 보고, 웃긴 표정으로 "아들!" 하고 불러도 보고…. 어색했지만, 어색할수록 진심이라고 했으니까요. 노력하다 보니, 어느새 쌍둥이도 저를 "아빠"라고 불러주었습니다.

이런 말이 있습니다.

"사람이 살던 대로 살아야지, 갑자기 바꾸려면 죽는다."

제가 볼 때는 좋은 말이 아닙니다. 부모 세대에게, 선배 세대에게 안 좋은 걸 받았다면, 그런데 나는 그렇게 살고 싶지 않다면, 그럼 우리는 살던 대로 살아선 안 됩니다. 어색하고 서툴더라도 연기라도 해야 바뀔 수 있습니다. 욕하고, 싫어하면서 우리는 닮아갑니다. 그렇다면 의지를 가지고 연기라도 해야지요. 시간이 지나다 보면 어느 날 연기가 진정성에 가닿습니다.

아버지와의 사이가 좋아지는 계기가 있었습니다. 어느 날 서울에서 일을 하고 있는데 모르는 번호로 전화가 왔습니다. 받아보니 제주에 있는 어느 치과인데, "김홍주 씨가 아버지 맞으시죠?" 묻더니 아버지가 임플란트와 신경치료를 하셨는데 치료비를 저한테 낼 수 있는지 물어보라고 했다는 거예요. 어떻게 안 낸다고 하겠어요. "네, 제가 내겠습니다" 하고 통화를 마무리하려는데, 간호사가 "여기 할아버지가 전화를 바꿔달라고 하세요" 하시더라고요. 저희 아버지는 귀가 안 들리시니까 통화를 할 수 없거든요. 당황하고 있는 사이 아버지가 전화를 바꿔 받으셨어요. 엄청 떨렸습니다. 아버지랑 하는 생애 첫 통화였거든요. 숨을 죽이고 가만히 있으니까 수

화기 저편에서 낯설고 익숙한 숨소리가 들리더니 세 마디를 하시더라고요.

"막둥이냐? 아버지다" 하시고는 작은 소리로 "미안하다" 하셨어요. 귀가 들리지 않으면 소리를 작게 낼 수 없거든요. 자신이 내는 소리의 볼륨을 모르니까 무조건 소리를 크게 내게 돼요. 그런데 정말로 미안하신지 소리를 작게 내시더라고요.

저는 평생 아버지가 참 미웠습니다. 언젠가 아버지가 저한테, 자식들한테 미안하다고 말해야 한다고 생각했습니다. 내가 결혼하지 않으려 했던 이유도 아버지, 아이를 갖고 싶지 않았던 이유도 아버지, 가정이 어색한 것도 아버지, 전부 아버지 때문이라고 생각했습니다. 그러니 언젠가 아버지는 자식들한테 미안하다고 하셔야 한다고 생각했어요. 그런데 막상 아버지가 미안하다고 하시니까 속이 시원하고 좋은 게 아니었습니다. '아, 이제 우리 아버지는 힘이 없구나. 사나운 호랑이 같았던 아버지는 이제 노인이 되었구나'라는 마음만 생겼습니다.

그 일 이후로 아버지와의 사이가 아버지는 모르게 제 속에서 조금씩 좋아졌습니다. 아버지와 대화를 한번 해보고 싶어졌습니다. 아버지하고 대화다운 대화를 해본 적이 없었거든요.

"아버지, 제 말 들리시죠?"

그냥 이렇게 말해보고 싶었어요. 태어나서 그걸 한 번도 못해봤으니까. 그래서 내가 아버지가 무엇인지 모르니까. 아버지의 부재에 대한 커다란 공허함. 그 비어 있음이 나에게 자꾸 슬픔의 자양분을 주고, 아들과의 관계에 영향을 준다는 걸 알았으니까.

아버지를 위해 내가 할 수 있는 일. 저는 아버지의 들리지 않는 귀를 고치는 것으로 대화의 물꼬를 트고자 했습니다. 사실 아버지의 귀는 고칠 수 없을 거라고, 결국 소리를 찾지 못하실 거라고 생각했습니다. 대한민국 제일 큰 병원, 제일 좋은 선생님께 가서 검사를 하고 “아버님은 70년 동안 귀가 안 들리셔서 수술이 안 됩니다”라는 말을 들으려고 했습니다. 그럼 전 아들의 도리를 다 한 것이고, 이렇게라도 오래된 숙제의 일부는 해야 되겠다고 생각한 거지요.

그런데 의사 선생님 말씀이 인공와우 수술을 하면 귀가 들릴 것 같다는 것이었습니다. ‘와우蝸牛’가 한자로 달팽이관이라는 뜻인데 소리를 전기 신호로 바꿔서 뇌에 전달하는 장치래요. 청력을 잃은 지 70년이 된 사람도 수술을 하면 들을 수 있다는 것입니다.

드디어 인공와우 기기를 착용하는 날, 의사가 “소리가 크세요?”라고 물으니까 아버지가 “우와…, 우와! 오메. 우와. 우와…. 소리가 들려. 우와. 크고만” 연신 감탄사를 내뱉으시더라고요. 마치 어린아이처럼 환호하고 감동하고 신기해하셨습니다. 그러더니 “우리 막둥이가…, 고맙다” 하셨습니다.

수술하시고 나서 며칠 후에 집에 전화를 걸었습니다. 그때 아버지가 저를 부르시더라고요.

"막둥이냐? 아버지다."

일방적인 부름이나 외침이 아니라 저를 진짜 부르시더라고요. "네, 아버지" 하는 제 대답을 듣기 위한 부름이었습니다. 그 말을 평생 잊지 못할 것 같습니다. 아버지가 살아계실 때 저를 부르는 이 소리를 들은 것이 정말 큰 선물이 되었습니다.

이 숙제를 하면서 많이 힘들었습니다. '내가 이걸 왜 한다고 했지? 누가 하라고 한 것도 아닌데…' 하는 생각이 계속 들었습니다. 그런데 여러분도 저와 같은 숙제가 있다면, 지금 제 이야기를 듣고 생각나는 묵은 숙제가 있다면 언젠가 꼭 해보시기를 추천할게요. 지금 당장은 아니더라도 너무 늦지는 않게요.

삶이 여러분에게 노크한 소리를 들은 사람이 있어요. 그 소리를 들었다면 용기를 내서 그 숙제를 해보세요. 숙제를 해본 사람만이 알 수 있습니다. 막혀 있던 문이 열리는 느낌, 마음 한구석에 늘 웅크리고 앉아 있던 한 아이가 비로소 자리에서 일어나 따뜻하고 안전한 곳으로 돌아간 느낌. 방향이 어디로 갈지는 모르지만 확실한 것은 살아 있다는 느낌을 받으실 것입니다.

★

슬픔 너머의 세계로 가는 방법

"지금까지 강연 중 가장 기억에 남는 강연이 무엇인가요?"

사람들이 저에게 이런 질문을 가끔 합니다. 지금까지는 딱히 생각나는 강연이 없었는데 이제 이 질문에 답을 할 수 있을 것 같습니다. 아버지가 돌아가신 그날, 어김없이 강연이 있었습니다. 아버지는 오전 10시 반에 임종하셨고 저는 정오 강연이 잡혀 있었습니다. 강연 당일날, 이미 사람들이 강연장으로 향하고 있을 그 시간, 강연을 취소할 수는 없었습니다. 그 강연이 앞으로도 꽤나 오랫동안 기억이 날 것 같습니다.

저는 보통 강연을 재밌게 합니다. 슬픈 이야기를 할 때 재미의 에너지를 더하면, 슬픔이 더 이상 슬픔으로만 남지 않거든요. 그런데 그날은 재밌게 감정이 살아나지 않았습니다. 아버지가 돌아가셨는데 도저히 가능한 일이 아니었지요. 강연을 시작하기에 앞서 오신 분들께 솔직하게 말씀드렸습니다.

"사실 아버지가 10시 반에 돌아가셨습니다. 제가 강연을 재밌게 해야 하는데 그렇지 못해서 여러분께 미안합니다."

그렇게 말씀을 드리자 그 자리에 있던 100여 명의 사람들이 일제히 순도 100퍼센트의 마음으로 놀라고 탄식하고, 함께 애도해주었습니다.

"아이고, 어떡해요!"

슬픔과 놀람의 파장이 엄청난 파도처럼 강연장 전체에 퍼져나가면서 순식간에 고요해졌습니다. 그 고요는 매우 부드럽고 적당한 따뜻함으로 저를 감싸안아 주었습니다.

슬픔은 나보다 더 슬퍼해주는 존재를 만날 때 사라집니다. 슬픔도 하나의 진동이거든요. 내 슬픔의 진동이 나보다 더 진심으로 놀라고 안타까워하는 다른 진동을 만날 때 고요함을 만들어냅니다. 찰나에 불과하더라도 슬픔을 깊이 위로합니다. 슬픔 너머를 볼 수 있게 합니다.

슬픔이 찾아왔을 때 그 슬픔 안으로 홀로 들어가는 것도 필요합니다. 혼자 시간을 보내고 밥도 먹지 않고 하염없이 눈물을 흘리며 힘들어하는 시기가 필요합니다. 오히려 이 단계를 거치지 않으면 나중에 더 큰 문제를 불러올 수도 있습니다.

하지만 계속 그렇게 있으면 마치 도미노처럼 슬픔이 우리 삶을 계속 무너뜨립니다. 나의 삶뿐만 아니라 주변의 삶도 쓰러뜨립니다. 그러니 어느 정도 바닥에 내려왔다고 느껴질 때는 홀로 있지 말고 나의 슬픔을 나보다 더 슬퍼해주고 애잔하게 여겨주는 사람이나 책, 콘텐츠, 자연, 종교, 몸을 움직이는 행위 등을 만나보기를 추천합니다.

떠난 사람을 잊기 위해서가 아닙니다. 슬픔은 원자력과 같아서 안전한 용기 안에 보존되어 있을 때만 우리를 보호합니다. 건강한 육체와 정신이라는 용기가 없으면 슬픔이 튀어나와 나와 내 주변의 삶에 문제를 일으킵니다. 그러니 슬퍼만 하면서 혼자 있지 마시고, 함께 슬퍼해줄 무언가를 만나보십시오.

아버지께서 돌아가시고, 제주에서 돌담 쌓는 일을 너무 해보고 싶었습니다. 아버지는 현무암을 망치랑 정으로 깨서 담을 쌓는 석공으로 평생을 사셨습니다. 돌을 깨고, 나르고, 다시 쌓는 일을 해가 저물도록 하는데, 갑자기 확 고리가 걸린 것처럼 눈물이 터졌습니다. 내가 왜 이걸 하려고 여기까지 왔는지 알 것 같은 순간이 찾아왔습니다. 아버지를 만나고 싶어서, 정확히는 내 또래의 그 남자를 만나고 싶어서. 슬픔 너머로 가기 위해 아버지가 평생을 해오신 일을 하고 싶었습니다. 아버지가 하시던 일을 하다가, 그 힘듦의 끝에서 '아, 내가 아버지를 만나고 싶었구나' 하고 깨달았습니다.

나보다 자식이 두 배나 많고,

귀가 들리지 않고,

이 힘든 노동을 50년 넘도록 한 그 남자.

내 또래의 그 남자는 정말 노동만, 노동만 하다가

그렇게 당신의 시간은 다 지나갔구나.

아버지라는 단어에 한동안 눈물이 많이 났습니다. 이제는 그렇게 심한 눈물이 나오진 않습니다. 아버지를 마침내 알게 되어 참 다행입니다. 아버지는 지금 어디쯤 계실까요? 건강하게 살아서 오래도록 아버지를 기억하고 싶습니다.

★

당신이 만난 존재들이 곧 당신이 됩니다

인생에도 공식이 있습니다. 아주 간단한 공식을 예로 들어 보자면, 어제의 나와 오늘의 내가 먹은 음식이 내일의 내가 됩니다. 지금까지의 나와 오늘의 내가 눈으로 먹고 귀로 먹고 입으로 먹고 감각으로 먹은 것이 있습니다. 약간의 변수는 있지만 그것들이 내일의 나를 결정할 확률이 매우 높습니다. 혹시 앞으로의 나, 미래의 나를 알고 싶다면 지금까지 살아온 나와 요즘의 나를 살펴보십시오. 요즘 내가 읽고 있는 책이 무엇인지, 즐겨 보는 유튜브가 무엇인지, 주로 누구를 만나는지, 주로 어떤 생각들을 하는지, 내 컴퓨터에 즐겨찾기 되어 있는 사이트가 무엇인지, 최근에 많이 하는 활동이 무엇인지, 내 시간을 주로 어디에 쓰는지, 돈은 또 어디에 반복적으로 쓰는지…. 이러한 과거와 현재의 곱하기 값이 우리 미래가 됩니다. 물론 말씀드렸듯 변수는 있습니다.

여기서 저는 그 변수에 대한 이야기를 해보려 합니다.

내가 노력하지도 않았고 계획하지도 않았는데 어느 날 삶에 '만남'이라는 선물이 찾아오는 경우가 있습니다.

저는 제주에서 유소년기와 청소년기를 보내면서 항상 좋은 스승을 만나고 싶다는 생각을 했습니다. 어머니가 저에게 사랑은 주셨지만 삶의 스승 역할을 해주지는 못하셨습니다. 어떻게 살아야 하는지, 인생에 어떤 일이 생겼을 때 무엇을 판단 기준으로 삼아야 할지 삶의 갈림길 앞에서 저는 어른의 조언을 받고 싶었습니다. 어쩌면 제가 사람들 앞에서 삶과 관계를 말하게 된 것도, 제 목마름의 반작용이었을지도 모릅니다.

'어떻게 살아야 하지, 인생은?'

이 질문 앞에서 조언을 얻고 싶었고 "괜찮아, 잘하고 있어. 잠깐 방황해도 괜찮아" 같은 지지도 받고 싶었습니다. 그런 조언과 지지를 가족으로부터 들어보지 못했고 저 역시 한 명의 약한 사람일 뿐이니 오랫동안 비어 있던 부분에 대한 강렬한 목마름이 있었습니다.

시행착오를 많이 겪었습니다. 스승에 대한 갈급함이 컸고 좋은 선생님을 만나고 싶었습니다. 그런 간절함은 만남을 끌어당겨 주었습니다. 예상치 못하게 만난 스승은 제가 성악을 하기 위해 만났던 첫 레슨 선생님이었습니다. 남들은 교수에게 레슨을 받을 때 저는 대학교 3학년이었던 학생에게 받은 것이지요. 만약 지금 누군가 저에게 "당신은 강연을 20년 넘게 했고 여전히 열정적인 것 같은데 그 힘은 어디서 나왔습니까?"라고 묻는다면, 저는 그때 그 선생님으로부터 나온 것이라고 말씀드리고 싶습니다.

저는 그 선생님으로부터 살아 있는 열정을 보았습니다. 제가 강연 학원을 다닌 적도 강연에 대해 배운 적도 없지만, 말을 하는 방법을 그 선생님에게 배웠습니다. 그는 지휘자였습니다. 가르치는 능력이 아주 탁월했어요. 오랜만에 꺼낸 겨울 외투에서 지폐를 발견했을 때의 기쁨을 흉내 내면서 그 기분으로 노래를 하라고 알려 주었습니다. 당시 저는 선생님을 보면서 '나도 저 선생님과 같은 훌륭한 음악가가 될 거야'라는 생각보다는 '어떻게 저런 훌륭한 비유를 하지? 대단하다!'라는 생각을 했습니다. 그를 좋아했고, 그를 보면서 항상 놀랐습니다. 시간이 흘러 어느 날 보니, 그분이 지휘를 하듯 제가 강의를 하고 있었습니다.

그분과 함께했던 수많은 시간, 그 끝에 자연스럽게 내 것이 된 것들이 있습니다. 인간의 진짜 변화는 만남을 갖고 갖고 또 갖고, 그렇게 반복된 만남을 가지면서 자연스럽게 찾아오는 것 같습니다. 남들은 교수에게 레슨을 받을 때 저는 인생의 변수를 경험한 것입니다. 지금과 같은 강연자가 될 수 있었던 변수였지요.

저에게 고민 상담을 요청하는 수많은 사람들은 자신은 그저 적당한 나이에 배우자를 만나 결혼을 하고 안정적인 일을 하면서 평범하게 살길 바랄 뿐이라고 말합니다. 하지만 삶은 바다와 같아서 쉼 없이 요동치는데 어떻게 한 점을 찍고, 그다음 점을 찍고, 또 그 다음, 그다음으로 아무 일 없이 나아갈 수 있을까요. 말이 안 되는 이야기입니다. 저도 제가 계획하는 대로 딱딱 이루어지지 않으면 스트레스를 받았습니다. 물건도 원래 자리에 있어야 했고, 정리를 안 하면 불안해서 일을 하지 못했습니다. 내가 원하는 타이밍에 딱 맞게 일이 이루어져야 흡족했습니다. 하지만 인생이 그렇게 되던가요? 그러니 계획은 세우되 계획대로 되지 않았을 때 유연하게 반응하고 대처하는 법을 배워야 합니다. 계획대로 안 되었을 때 너무 당황하고 절망하면 오히려 다른 세계로 나아갈 수 있는 기회를 잃어버리는 것입니다. 삶에 유연함을 지녔을 때 다양성의 문도, 가능성의 문도 열립니다.

지금은 계획대로 되지 않는 변수가 밉고 짜증날지 모르지만 그것이 내가 감히 상상해보지 못한 내일의 나를 위한 초석이 되어줄지도 모릅니다.

제가 공통적으로 반복해서 드리는 조언이 있습니다. 좋은 만남을 반복해서 갖고, 좋아하는 일을 하세요. 저도 제가 만나고 싶은 무언가에 대해 항상 생각합니다. 그 과정 속에서 발견하게 되거든요. 세상에는 이토록 진정성 있게 자기 삶을 살아가는 사람들이 많다는 것을요. 그 느낌이 참 좋습니다. 한 사람 한 사람 안에 큰 우주가 있고, 그 안에서 항상 배울 점과 매력을 발견합니다.

꽃을 보고 좋아할 때 누가 제일 좋을까요?

꽃을 보고 좋아하는 자신입니다.

매사에 불만스러워하고 불평하는 것보다 겨울에는 눈을 만나고 가을에는 단풍을 만나고 여름에는 바다를 만나고 봄에는 피어나는 꽃을 만나고, 그 모든 것을 누리는 사람의 삶은 그렇지 않은 사람과는 비교할 수 없을 정도로 충만할 것입니다.

당신이 만난 존재들이 곧 당신이 될 것입니다.

★

유한하기에 더 소중합니다

우리 모두 유한하기에, 영원하지 않기에 더욱 소중합니다. 코코 샤넬은 럭셔리의 반대말이 천박한 것이라 했습니다. 저는 럭셔리의 반대말이 '흔하다'라고 생각합니다. 흔하면 소중하게 대하지 않거든요. 어디에나 있으니까 아무 곳에나 두고 함부로 대합니다.

삶을 아무렇게 함부로 대하지 마세요. 삶을 한정판처럼 대하세요. 아니, 우리의 삶은 한정판이 맞습니다. 시간은 누구에게나 공평하게 유한합니다. 언젠간 여러분과 저의 시간도 끝이 날 것입니다. 자명한 진리이지요. 저는 이제 50세가 되었습니다. 앞으로 제가 몇 년을 더 살까요? 그 누구도 알 수 없습니다. 신은 인간에게 내일을 약속하진 않았으니까요. 당장의 내일도 알 수 없습니다.

그러니 한정판인 우리의 삶을 소중하게 대해주세요.

‘영원하지 않은 이 소중한 것을 어떻게 잘 가꾸지?’

‘어떻게 사는 것이 잘 사는 것이지?’

본질의 질문을 던지세요.

흔하면 관리를 잘 안 하게 돼요. 덜 소중하게 여깁니다. 인생을 마치 영원을 보장받은 것처럼 살아가지 마세요. 우리의 시간과 생명은 일회성이니 소중하게 대해주세요. 이 말이 마음에 진심으로 들어오신다면, 삶은 소중해질 수밖에 없습니다.

제가 강연을 언제까지 하게 될지 모르겠습니다. 그러니 매번 여러분을 만나는 시간들을 더욱 소중하게 느끼면서 살겠습니다. 이 직장도, 상황도, 관계도, 고통도, 행복도 결코 영원하지 않습니다. 흘러가는 시간 속에서 이미 나는 나로서 괜찮다, 이미 나는 있는 그대로 소중하다는 것을 매일 새기며 살아가시기를 바랍니다. 우리가 유튜브를 보고, 책을 보고, 좀 더 나아가고자 하는 것은 결국 이것을 깨닫기 위한 것이 아닐까 싶습니다.

나로부터 시작해 타인의 인생, 우리의 만남까지도 모두 소중하게 여기시길 바랍니다. 지금의 힘든 것 영원하지 않습니다. 좋은 날이 올 것입니다. 그때 또 그 좋은 날의 유한함을 기억하며, 그 안에서 충분히 누리시길 바랍니다.

감사합니다.

나를 살게 하는 것들

1판 1쇄 발행 2022년 7월 7일 **1판 11쇄 발행** 2024년 9월 2일

지은이 김창옥
발행처 (주)수오서재 **발행인** 황은희, 장건태
편집 최민화, 마선영, 박세연
마케팅 황혜란, 안혜인
디자인 행복한물고기 **제작** 제이오
주소 경기도 파주시 돌곶이길 170-2 (10883)
등록 2018년 10월 4일(제406-2018-000114호)
전화 031)955-9790 **팩스** 031)946-9796 **전자우편** info@suobooks.com
홈페이지 www.suobooks.com
ISBN 979-11-90382-67-0 03320

도서출판 수오서재守吾書齋는 내 마음의 중심을 지키는 책을 펴냅니다.